# Historias de Calibres:

## Los porqué de algunos calibres.

Martín L. Godio

Godio, Martín Lisandro
  Historias de calibres : los porqué de algunos calibres / Martín Lisandro
Godio. - 1a ed ilustrada. - Bahia Blanca : Martín Lisandro Godio, 2016.
  202 p. ; 21 x 15 cm.

  ISBN 978-987-42-0327-4

  1. Deporte. 2. Historia. I. Título.
  CDD 683.406

Martín L. Godio

# Historias de Calibres

## Dedicatoria

A mis padres Dora y Lucho y a mi familia, Sandra, Florencia, Luciana y Nicolás.

Historias de Calibres

# Índice.

Martín L. Godio

Historias de Calibres

# Introducción

Cuando tenemos un cartucho en la mano, rara vez nos planteamos su origen o procedencia, el por qué es así, sus características o su nombre. Solemos dar por sentadas muchas cosas, simplemente porque están ahí delante. Sin embargo, la aparición de un calibre determinado, rara vez es fruto de la casualidad.

Los distintos calibres van surgiendo por la aparición de alguna nueva necesidad, para aprovechar nuevos desarrollos tecnológicos o un modelo nuevo de arma lanzado al mercado por un determinado fabricante. También puede surgir algún calibre para reemplazar algún otro que se volvió obsoleto, generar competencia con otro fabricante o ganar un lugar en el mercado, entre otras razones. En cualquier caso, cada calibre es una fiel muestra del momento histórico cuando se desarrolló y, sobre todo, del paradigma o pensamiento de su época. No es casual que un calibre determinado surja en un momento dado y logre cierta popularidad, cada calibre es fruto de algún aspecto distintivo de su época.

El análisis, la historia y las prestaciones de algunos calibres pueden resultar muy interesantes, no solo para conocer un poco de ellos, sino también para entender el porqué de su existencia. Todo calibre tiene una historia interesante que contar que, muchas veces, se desconoce.

Para este libro he elegido solo algunos de los calibres deportivos populares que debido a su amplia difusión y/o a sus virtudes, han logrado un sitio notable en el mundo de las armas. Son calibres muy populares y representativos de distintos momentos del desarrollo de las armas de fuego de retrocarga.

Todos estos calibres, a pesar de su diverso origen, tiene en común el hecho de haber logrado sobrevivir al paso del tiempo, incluso, en algunos casos, más de un siglo. La mayoría son calibres que nacieron para ser usados en el campo deportivo, principalmente como calibres de caza. Otros, como el 7x57mm Mauser, el .30-06 Springfield y el .303 British, tienen origen militar y, a pesar de ello, fueron utilizados por cazadores en todo el mundo debido a las ventajas balísticas que presentaban es su momento y se convirtieron finalmente en calibre deportivos con todas las de la ley.

Me pareció interesante y necesario dejar para el último capítulo el nombre de los calibres y un análisis de la forma en que se les pone dichos nombres. Este tema, aunque es bastante complejo y aburrido, explica la gran cantidad de nombres que podemos encontrar hoy en día y deja abierta la puerta para comprender el porqué del nombre de muchos otros calibres.

## Lectura alternativa

Cabe aclarar que los calibres analizados en este libro fueron ordenados de la manera tradicional, es decir, por orden creciente de calibre o diámetro de su proyectil. El libro, ordenado así, puede leerse sin problemas, ya que cada capítulo/calibre está escrito como una unidad lógica, con cierta independencia. Sin embargo, leerlo ese orden, obliga al lector a moverse en el tiempo al considerar cada calibre por separado. En algunos casos, a un calibre de mediados el Siglo XX le sigue otro del siglo XIX

Por eso, y recordando a Julio Cortázar y su libro "Rayuela", creo interesante proponer al lector una lectura alternativa. Esto es, alterar el orden de los capítulos y ordenarlos siguiendo el orden cronológico en que fueron apareciendo de cada uno de los calibres analizados. De esta manera, el lector puede ver cómo se fueron desarrollando las armas y los calibres a lo largo de los años, siguiendo los desarrollos sociales, económicos y tecnológicos, en resumen, puede ver como fue cambiando el paradigma de las armas a lo largo de más de un siglo y medio.

Si desea probar esta lectura alternativa, podían hacerlo en el siguiente orden:

i. .22 Largo Rifle, y otros calibres de fuego anular.
ii. .44-40 Winchester.
iii. .303 British.
iv. 7,65x54mm Mauser
v. 7x57mm Mauser.
vi. 7,63x25mm Mauser
vii. .38 Smith & Wesson Special.
viii. 9x19mm Parabellum.
ix. .45 A.C.P.
x. .30-06 Springfield.
xi. .375 Holland & Holland Magnum.
xii. .270 Winchester.
xiii. .22 Hornet.
xiv. .357 Smith & Wesson Magnum.
xv. .308 Winchester/ 7,62x51mm N.A.T.O.
xvi. .243 Winchester.
xvii. .44 Remington Magnum.
xviii. 7mm Remington Magnum.
xix. .300 Winchester Magnum.

Si el lector eligiera esta opción y para facilitar la lectura de esta manera, al final de cada capítulo, se indica el nombre y la página del calibre que le sigue cronológicamente, independientemente el diámetro de punta que utilice.

*NOTA: Parte de la información vertida en este libro fue publicada a lo largo de varios años en las revistas argentinas "El Pato" y "Magnum". Esa información fue revisada, completada y actualizada especialmente para este libro.*

# Historias de Calibres

# .22 Largo Rifle

## y otros calibres de fuego anular

El .22 L.R. de fuego anular es, sin duda el calibre más popular en cualquier lugar del mundo. Tanto es así que es casi imposible encontrar un cazador o tirador que no lo haya usado al menos en alguna ocasión. Ha sido durante años el calibre con el que muchos comenzamos nuestra relación seria con las armas. Con este calibre se ganaron miles de premios y medallas utilizándolo en competencias de tiro; tanto locales, como nacionales, internacionales e incluso olímpicas. Millones de animales han sido cazados con este calibre, desde pequeños pájaros hasta grandes mamíferos, tantos que algunos autores consideran que es el calibre con el que más animales se han matado en el mundo.

En el lado oscuro del calibre, también tenemos que reconocer que muchos inocentes han muerto a manos de delincuentes. Sin embargo, para ser justos, debemos reconocer que también muchas vidas fueron salvadas por este calibre a lo largo de más de 150 años de su historia.

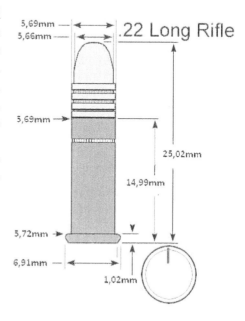

El más conocidos de los .22 de fuego anular es sin duda el .22 Largo Rifle, pero la familia es mucho más grande y prolífica.

Llevó más de ciento cincuenta años desarrollar los calibres de fuego anular hasta alcanzar su máxima potencialidad, partiendo del modesto cartucho de Nicolás Flobert hasta llegar al potente .22 Magnum.

Cabe aclarar que por una de esas casualidades que ocurren, la abreviatura del .22 L.R. es válida en varios idiomas, así nosotros lo conocemos como .22 Largo Rifle mientras que en inglés se denomina .22 Long Rifle, que significa lo mismo. Este cartucho a pesar de su anticuado diseño, sigue brindando aún excelentes servicios en una amplia gama de actividades deportivas.

## Características

Desde el punto de vista de su diseño, los calibres de fuego anular presentan tres características que, tecnológicamente hablando, son muy viejas, hasta podríamos decir que están perimidas, en la mayoría de los calibres modernos. Sin embargo, ambas características, fueron esenciales y fundamentales durante el desarrollo inicial de la cartuchería moderna, cuando esta estaba dando sus primeros e inseguros pasos. Pero, estas características quedaron casi completamente obsoletas y fueron abandonadas en la mayoría de los calibres comerciales a fines del Siglo XIX.

La primera de estas características, es el sistema de encendido anular o fuego anular que es práctico y económico. El término "fuego anular", hace referencia a que el fulminante se ubica en forma de anillo en el pliegue formado por el reborde. Para ello, este pliegue se forma durante la fabricación del mismo. Esto es en contraposición con los calibres de fuego central, donde el fulminante está ubicado en el centro del culote.

Para encender la carga de pólvora, el percutor del arma golpea este reborde comprimiendo el fulminante entre ambas caras del pliegue. Con esto se logra simplificar el cartucho, reduciendo la cantidad de componentes del mismo y los pasos necesarios para su fabricación. La solución de colocar el fulminante en el pliegue del reborde resulta perfecta para producir munición eficiente y de bajo costo, aún hoy en día.

Un detalle importante a tener en cuenta para los usuarios de armas de fuego anular es la de nunca disparar sin munición en la recámara. De hacerlo, el percutor puede golpear el borde de la recámara y, con el tiempo, llega a dejar una marca que termina por producir un "diente" dentro de la recámara. Este "diente" dificulta la introducción de los cartuchos en la recámara y es una de las causas más comunes de problemas de alimentación en armas de fuego anular.

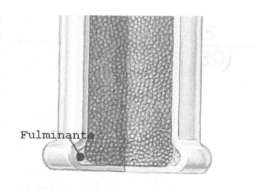

Fulminante

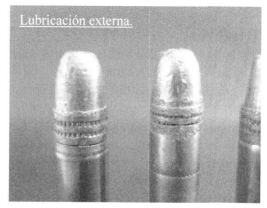

Lubricación externa.

La segunda característica del .22 Largo Rifle es la lubricación externa de sus proyectiles. Esto es una desventaja ya que los deja muy expuesto al medio ambiente, sin embargo, ha funcionado muy bien para el .22 L.R. por muchos años

La lubricación externa hace referencia a que el proyectil está desnudo, fuera de la vaina. De esta manera se ve expuesto a la suciedad que lo contamina reduciendo su eficiencia y produciendo el desgaste prematuro del cañón. También se corre riesgo de perder parte del lubricante. En la mayoría de los calibres actuales, incluyendo la gran mayoría de los calibres de fuego anular modernos, el proyectil se encuentra cubierto por la vaina. La lubricación interna es más ventajosa ya que el lubricante está protegido por la vaina.

A pesar de sus desventajas, funcionan tan bien en el .22 L.R. y los suyos que ha durado más de 150 años sin mayores problemas. Todos los intentos de producir munición de la potencia del .22 L.R. pero con lubricación interna fracasaron, como veremos más adelante.

Por último, el .22 L.R. es balísticamente antiguo. Con velocidades de entre 1.000 pies/seg. y 1.300 pies/seg., según la munición de la que hablemos, tiene una balística similar a los calibres de pólvora negra del Siglo XIX. Aún la munición de Híper-Velocidad, que supera esta performance por poco, no lo acerca a los calibres modernos del Siglo XX.

## Historia

Probablemente, si Horace Smith y Daniel Wesson no hubieran concurrido a la Feria Universal de Londres en 1851, el desarrollo de las armas modernas hubiera tomado mucho más tiempo del que tomó o incluso podría haber tomado otro camino. Allí, Smith y Wesson supieron que Louis Nicolas August Flobert (1819-1894) había desarrollado, con gran éxito, un concepto muy novedoso, esto es, un cartucho que incluía todos los componentes necesarios para efectuar el disparo. Es importante ubicarnos en ese momento histórico para comprender la importancia del invento. Las armas de avancarga de percusión eran muy recientes y algunos países todavía utilizaban armas de chispa. Hubo algunos intentos anteriores de desarrollar armas de retrocarga, pero estos, como mantenían al fulminante separado, necesitaban, por lo menos, dos componentes. De esta manera, el tirador debía introducir un cartucho que contenía la pólvora y el proyectil, cerraba la recámara y luego colocaba un fulminante en la chimenea exterior, del mismo modo que se hacía en las armas de avancarga. De esta manera, el proceso de recarga seguía siendo engorroso y lento.

La idea de utilizar un fulminante junto con un proyectil conformando un cartucho databa del año 1831 y en 1845 el joven Flobert había iniciado trabajos para perfeccionar la idea, diseño que luego patentaría en Junio de 1849. Este cartucho sería conocido luego como 6mm Flobert y constituyó la piedra fundamental para el desarrollo de la cartuchería moderna.

El 6mm Flobert era basicamente un fulminante de avancarga con la boca reducida para alojar un proyectil esférico de 15 grains y no tenía carga de pólvora. Estaba pensado para tiro a corta distancia y en galerías de tiro, una actividad muy de moda en esa época. El único problema de la munición de Flobert era que, dada la poca energía que desarrollaba, su uso era muy limitado más allá de la práctica del tiro al blanco a corta distancia. Su potencia era tan baja que sus armas no necesitaban un sistema de cierre, sino que simplemente el martillo que realizaba la percusión, sostenía el cartucho en la recámara. Sus virtudes, poco retroceso y poco ruido, terminaron siendo su mayor limitante. En muchos países, este cartucho fue conocido popularmente como "matagatos".

Flobert siguió desarrollando calibres de fuego anular, tanto de bala como con municiones, que fueron muy populares hasta bien entrado el Siglo XX, aunque ninguno sobrevivió en nuestros días.

En 1857, Smith y Wesson, luego de varios intentos, le dan al calibre el gran impulso necesario para transformarlo en algo balísticamente importante. Para ello, se alargó la vaina y se le agregó una carga a 4 grains de pólvora negra fina (FFFFg), al tiempo que se cambió el proyectil esférico por otro más largo, ojival de 29 grains. Crearon así el calibre que hoy conocemos como .22 Corto (Short), junto el primer revolver de la marca.

Curiosamente, este revólver logró gran popularidad entre los oficiales de ambos bandos, durante la Guerra de Secesión Norteamericana (1861-1865), a pesar de su anémica performance. Como referencia, hoy se considera que la mejor munición de .22 L.R. es apenas marginal para ser utilizada como calibre de defensa. Entonces, pensar en el .22 Corto como calibre militar, parece una locura. Esto habla a las claras de la pobre balística de los revólveres de avancarga de la época y de la enorme ventaja que presentan las armas de retrocargas, aunque fuera un pequeño revólver calibre .22 Corto.

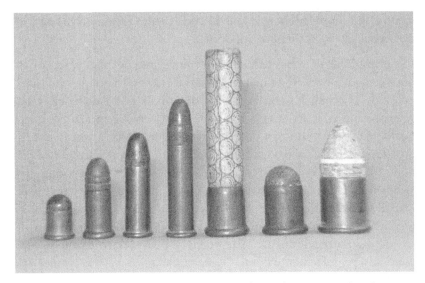

El .22 Corto es, entonces, el calibre más antiguo que aún sigue en producción. Puede considerarse que el revólver Smith & Wesson N°1 y este cartucho dan inicio la dinastía de las armas de fuego anular en los EE.UU. y en el resto del mundo.

En forma paralela al desarrollo del .22 Corto, aparece una versión norteamericana del 6mm Flobert, denominada originalmente "French Bullet Breech Cap N°1". Este cartucho aunque era de menor calibre, .22 (5,6mm), mantenía vaina con forma acampanada del Flobert y no tenía el reborde plegado del .22 Corto. A los pocos años, se cambió el diseño por el de reborde plegado y se denominó B.B.Cap (Breech Bullet Cap), manteniendo el proyectil esférico. Con el tiempo aparece otra versión con proyectil ojival de punta cónica, que se denominó .22 C.B.Cap. Ambos tuvieron un desarrollo paralelo pero separado de los calibres .22 de fuego anular. Así, por ejemplo, Remington recién los incluye en su listado de calibres de fuego anular en su catálogo del año 1910.

El .22 corto, tenía potencial para ser mejorado. En 1871, aparece el .22 Long que utiliza una vaina más larga para poder así, aumentar la carga de pólvora a 5 grains. Manteniendo la misma punta del .22 Corto. Este calibre desarrollaba, así, mayor velocidad y potencia.

Por alguna razón, el Long no resultó tan preciso y esto, junto con la aparición años más tarde del .22 L.R., fueron las razones de su rápida pérdida de popularidad. Finalmente, se volvió obsoleto y dejó de ser usado masivamente a principios del Siglo XX. Hoy en día, con el resurgimiento del interés por las armas históricas, algunos fabricantes lo ha reintroducido en sus líneas de producción.

Para el año 1878 aparece en el mercado otra nueva opción, el .22 Extra Long, la carga de pólvora se aumenta a 6 grains y el peso de la punta a 40 grains. Esto parecía un buen cambio, pero rapidamente quedó eclipsado a los pocos años por la aparición del .22 Long Rifle (Largo Rifle).

En el año 1887, la firma norteamericana J. Stevens Arms & Tool Company desarrolla el hoy famoso .22 Long Rifle, tomando la vaina creada para el .22 Long, aumentando el peso de la punta a 40 grains. El nuevo .22 L.R. supera así a sus predecesores en balística y performance (salvo al Extra Long). El .22 L.R. rapidamente ganó popularidad y algunos años después se lo mejoró, innovando el sistema de cierre o crimp, con lo que se mejoró el quemado de la pólvora y su balística.

Le siguieron toda una serie de intentos fallidos. Es decir calibres .22 de fuego anular que intentaban mejorar al .22 L.R. En 1890 Winchester lanza el .22 W.R.F. (Winchester Rim Fire), la primera munición .22 de fuego anular con proyectiles de lubricación interna. El .22 W.R.F. siguió el triste camino del .22 Long y estuvo también en producción hasta principios del Siglo XX, cuando se volvió rapidamente obsoleto. Como era común en esos años, Remington sacó su propia versión de este último calibre, a la que llamó .22 Remington Special y que, en vez del proyectil de 40 grains del .22 W.R.F. montaba una punta redondeada de 45 grains.

Trece años después, Winchester hizo otro intento de mejorar el .22 L.R., cuando lanzó otro .22, el W.R.A. (Winchester Rimfire Auto) junto con su carabina semiautomática 1903. El .22 W.R.A. estaba cargado con punta de 40 grains también de lubricación interna. Remington lanza nuevamente su contrapartida en 1914 con el .22 Remington Automatic Rim Fire aunque estos dos últimos calibres no eran intercambiables.

Todo estuvo tranquilo por un par de décadas hasta que en la década de 1930, Remington lanza la primera munición de alta velocidad (High Velocity) que llevó al .22 L.R. un paso más adelante, mejorando notablemente su performance, que llega hasta nuestros días. Por algunos años no hubo grandes innovaciones entre los calibres de fuego anular.

En 1943 la OSS (Office of Strategic Services algo así como "Oficina de Servicios Estratégicos") de los EE.UU. adoptó para sus agentes, la pistola High Standard calibre .22L.R. con silenciador bajo la denominación de HDM. Esto, aunque notable, no tendría mucha importancia si no hubiera llevado a la creación de uno de los tipos de munición más extraño en este calibre. En Julio de 1944 alguien se dio cuenta de que según el artículo 23e del acuerdo de La Haya, estaba terminantemente prohibido el uso de plomo desnudo para la guerra. Remington estuvo a cargo de fabricar esta munición calibre .22 L.R. totalmente encamisada (FMJ) bajo la denominación T42. Esto es, con núcleo de plomo y camisa de bronce y no con una cubierta electrolítica de cobre como podemos ver en mucha munición actual. Esta munición era casi idéntica a la convencional, con la punta apenas más pesada y de forma más plana, lo que, en mi opinión es una buena opción para el uso que se le daría. Fue luego utilizada en las distintas carabinas y armas de entrenamiento y supervivencia.

La Fuerza Aérea Norteamericana proveía Kits de Supervivencia para sus pilotos con armas calibre .22 L.R. Además, por supuesto, de su uso en las nombradas pistolas High Standard, aunque para 1961 su uso "oficial" estaba limitado exclusivamente a las carabinas de supervivencia.

No hubo grandes novedades con los calibres .22 de fuego anular por varios años más, hasta que Winchester lanza en 1959 su .22 Winchester Magnum Rimfire (W.M.R.), otro gran paso en la historia de estos calibres. Este cartucho era basicamente la vieja vaina del Winchester Rim Fire, alargada para permitir el peso de una carga de pólvora mayor. Con proyectil encamisado (también se ofrecía proyectiles de plomo desnudo) y una mayor carga de pólvora sin humo que, aunque desarrollaba las mismas presiones que el .22L.R., lograba un importante aumento de velocidad y potencia. Gracias a ello, el .22 W.M.R. superaba ampliamente la balística del .22 L.R. logrando una performance que lo aproxima considerablemente a los calibres pequeños de fuego central. De esta manera, se ampliaba el rango de acción de los calibres de fuego anular tanto en alcance como en potencia. Como siempre, cuando parecía que estaba todo inventado, a firma norteamericana CCI da otro salto hacia adelante en el desarrollo del .22 Largo Rifle. En el año 1977 lanza al mercado su munición Stinger, con la que inaugura la era de los calibre .22 Largo Rifle de "Hiper Velocidad". Gracias al uso de puntas más livianas de 33 grains y una vaina más larga, desarrolla casi un 30% más de velocidad en la boca de arma trabajando a las presiones permitidas. Este mayor largo de la vaina permite contener una mayor cantidad de una pólvora especial, más lenta que la que utiliza en los cartuchos .22 L.R. de alta velocidad. Con este proyectil corto junto con la vaina más larga, la munición CCI Stinger tiene un largo total, igual al de la munición. 22 L.R. convencional y puede utilizarse en la mayoría de los rifles modernos.

Pero esta exclusividad de la Hipervelocidad le duró poco a CCI, ya que, al poco tiempo, Winchester lanza al mercado su propia munición .22 de híper velocidad con el nombre de Xpediter. Una excelente munición, muy efectiva y precisa, con punta de 29 grains y resultados devastadores. La firma norteamericana Federal le sigue con la poco conocida Spitfire y finalmente Remington lanza su famosa Yellow Jacket.

En los últimos tiempos, los .22 de fuego anular ha perdido algo de su preponderancia y exclusividad como calibres de caza menor, debido a la aparición de los calibre .17 de fuego anular. Estos presentan ventajas balísticas notables, tanto en trayectoria como en performance, evitando la tan conocida sobrepenetración del .22 L.R. y logrando efectos devastadores en ani-

Distintos largos de vaina.

.22 L.R. estándar    Stinger    Yellow Jacket

males de caza menor y plagas. Sin embargo, el .22 L.R. sigue siendo el más popular.

## El .22 Corto

El .22 Corto es un calibre que suele ser menospreciado, considerándolo como una versión barata y de menor calidad del .22 L.R.. Sin embargo, precisamente su limitada performance y bajo nivel de ruido, son sus mayores virtudes, las que hacen que sea un calibre ideal para algunas situaciones donde la discreción es esencial. Por ejemplo, para controlar plagas y alimañas en gallineros y galpones o en proximidad de poblaciones.

El .22 Corto es, además, un excelente calibre para introducir a los niños en el uso de armas de fuego. Su suave estampido y su nulo retroceso, lo hace ideal para que un niño haga sus primeros pasos en el tiro al blanco y manejo seguro de armas. Otro uso importante que tenía el .22 Corto hasta las Olimpíadas de Atenas, era en el ámbito de las competencias olímpicas en la categoría de pistola, tiro rápido. Sin embargo, desde 2005 se reglamentó el uso exclusivo del .22 L.R. para estas competencias, abandonando definitivamente el clásico .22 Corto.

En general hay tres tipos de munición de .22 Corto; la normal con una velocidad a la boca de 700 pies/seg., la munición de alta velocidad (1.100 pies/seg.) y la de tiro, con el acento puesto en la precisión.

Cabe aclarar que la munición .22 Corto puede utilizarse en armas recamaradas para el .22 L.R. sin mayores problemas. Solo debe recordarse hacer una exhaustiva limpieza, ya que la acumulación de residuos en el fondo de la recámara hará muy difícil el uso posterior de munición Largo Rifle.

## El .22 Largo Rifle

El .22 Largo Rifle es el calibre más usado en el mundo para todo tipo de actividades como ya hemos visto. Herramienta infaltable del hombre de campo y pieza fundamental en cualquier excursión de caza, el .22 L.R., permite abatir una amplia gama de fauna a distancias razonables.

Dentro de los 75-100 metros posee una precisión increíble, si nos tomamos el trabajo de probar varias opciones de munición. No es que haya munición mala o buena, sino que cada arma se adapta mejor y logra su máxima precisión con una munición determinada. Esto tiene que ver con las tolerancias en la fabricación de armas y munición, y a las características particulares de cada una de ellas. Probar cuidadosamente varios tipos de municiones de entre aquellas que cumplan con nuestras expectativas, le permitirá obtener un máximo rendimiento de su carabina, pistola o rifle.

Se puede agrupar a la munición .22L.R. de acuerdo a su rendimiento. Por un lado, tenemos la munición de velocidad normal que ahora se denomina "subsónica" porque su velocidad inicial es menor a la del sonido, esto es alrededor de los 1.000 a 1.100 pies/seg.. La munición de Alta Velocidad, por otra parte, desarrolla entre 1.220 y 1.300 pies/seg.), mientras que la munición de Híper Velocidad desarrolla entre 1.400 pies/seg. de la "Yellow Jacket" y los increíbles 1.640 pies/seg. desarrollados por la munición Stinger.

## Arma larga y arma corta

Hasta ahora hemos hablado del .22 L.R. considerándolo principalmente como un calibre de arma larga, pero existen gran número de armas cortas que lo disparan.

En general, en las armas calibre .22 L.R., el caño de un arma larga es tres veces más largo que el de un arma corta. Resulta entonces obvio decir que cualquier munición disparada desde un cañón de un arma corta, tendrá necesariamente menos velocidad en la boca que disparada desde un arma larga. Esto reducirá consecuentemente la potencia (energía) del proyectil y empeorará la trayectoria. Ahora bien ¿cuánto será esa disminución?, ¿será considerable o despreciable?. ¿Cómo afectará esto la performance de la munición?

En ensayos que realice hace años, disparando la misma munición (incluso de la misma caja), alternativamente desde una carabina semiautomática y una pistola encontré que, tal como era de esperar, independientemente del tipo de munición, esta desarrolló menor velocidad inicial al ser disparada desde la pistola.

Analizando los números puede verse que una pérdida de velocidad de casi 10% (9,3%) en promedio. Sin embargo, esta variación fue diferente en la munición de distintos fabricantes. La "Cyclone" de

Remington perdió un 13,7% mientras que la CCI "MiniMag" sólida fue la que menor pérdida tuvo, solo un 7,1%.

La pérdida de velocidad, como dijimos, también implica una pérdida de potencia o energía del proyectil. Es así que la disminución de velocidad genera una reducción de la energía cinética del orden de entre el 13,6 y el 25,6%.

| Marca | Tipo | Punta | Pistola pies/seg. | Carabina pies/seg. | Pérdida pies/seg. | Pérdida % |
|---|---|---|---|---|---|---|
| Remington | Cyclone | 36 grains | 1.034 | 1.199 | 165 | 13,8 |
| | SubSonic | 36 grains | 869 | 958 | 89 | 9,3 |
| Winchester | Wildcat | 40 grains | 1.056 | 1.157 | 101 | 8,7 |
| CCI | MiniMag | 40 grains | 1.091 | 1.174 | 83 | 7,1 |
| | MiniMag | 36 grains | 1.120 | 1.212 | 92 | 7,6 |

Los datos obtenidos coinciden con información publicada por otros autores como el famoso J.D. Jones, uno de los padres de la caza mayor con arma corta. En una vieja nota publicada en una revista norteamericana comentaba que, en su experiencia, un calibre de rifle (.30-30 Win., .35 Rem. o el .308 Win.), disparado desde un arma corta con cañón de 10 a 16 pulgadas, sufría una pérdida de velocidad de un 10% y la consecuente pérdida de energía sería del 20%.

A modo de resumen, podemos decir que el uso de armas cortas calibre .22LR no constituyen un hándicap o desventaja notable, en lo referente a su trayectoria y potencia como podría haberse supuesto en un principio.

**.44-40 Winchester**
**Página 159**

# .22 Hornet

El .22 Hornet fue el más pequeño de los calibres de fuego central para arma larga, hasta la aparición oficial de un viejo wildcat, el .17 Hornet. A pesar de su pequeño tamaño, este calibre bonsái, tiene una excelente performance como calibre para caza menor y control de plagas o varminter, con un alcance intermedio.

## Historia

Podemos decir que el .22 Hornet es casi "un calibre casero", ya que el desarrollo, y puesta a punto, fue obra del trabajo individual de unos pocos fanáticos de las armas que utilizaban medios bastante primitivos.

La historia de su origen es controvertida como la de muchos calibres de principios del Siglo XX. Diversos autores presentan sus propias versiones, considerando predecesores distintos, de acuerdo a las distintas líneas históricas que consideran. En general, depende de lo cuidadoso se sea cada uno en el análisis de los datos y las consideraciones que se tengan para decidir cuál es la historia más probable.

Uno de los primeros calibres .22 de fuego central aparece en escena en el año 1882, cuando Maynard Arms Company (EE.UU.) introduce un calibre para caza menor, denominado .22-10-45. Las características de este calibre, según reza su denominación, eran proyectil calibre .22, de 45 grains de peso y con una carga de 10 grains de pólvora negra. A modo de comparación y referencia, por eso años, el .22 Long utilizaba una punta de 29 grains, impulsada por 5 grains de pólvora negra. Vale aclarar que todavía faltaban unos años para que Stevens desarrollara el famoso .22 L.R. que hoy conocemos. El .22 L.R., en su versión original, disparaba un proyectil de 40 grains impulsado por una carga de 6 grains de pólvora negra.

En 1885, Winchester lanza su propio pequeño .22 de fuego central, el .22-13-45, conocido también como .22 Winchester Center Fire (W.C.F.). Este tenía mejores prestaciones que el calibre de Maynard, como puede verse en su denominación. El .22 W.C.F., con su mayor carga de pólvora, desarrollaba una velocidad en la boca de 1.540 pies/seg., prestaciones que eran muy buenas para la época. A modo de referencia y aun considerándolo desde la perspectiva actual, el .22 W.C.F. era un buen calibre para caza menor ya que tenía casi las mismas prestaciones de la munición Stinger de Hiper-velocidad del .22 L.R. que usamos en la actualidad. Esto, para un calibre de pólvora negra durante la segunda mitad del Siglo XIX, hace más de 120 años, no está nada mal.

Algunos autores no reconocen a estos calibres como antecedentes del .22 Hornet, porque, tanto el calibre de Maynard como el de Winchester, utilizaban un proyectil de mayor diámetro, aproximadamente 0,228 pulgadas (5,79mm). Por otro lado, el

Hornet fue desarrollado originalmente para ser disparado en cañones para .22 L.R., con proyectiles de 0,223 pulgadas (5,66mm). Siguiendo con la historia, entre los años 1893 y 1894, Reuben Harwood, en los EE.UU. realiza unos ensayos buscando un cartucho .22 que brindara mayores prestaciones. En estas pruebas utilizó la vaina del .32-20 W.C.F.. Es muy interesante notar que dentro de una serie de desarrollos, Harwood utilizó cargas dúplex, esto es, dos tipos de pólvora distintas en la misma carga, con lo que lograba elevar la velocidad en la boca a 1.900 pies/seg. Incluyo este antecedente por dos razones, en primer lugar muestra la forma en que se van buscando alternativas para conseguir un .22 de alta velocidad y porque, además, Harwood fue el primero en utilizar el nombre "Hornet" para su calibre. Denominación que luego sería retomada para el calibre del que nos ocupamos.

Paralelamente, del otro lado del Atlántico, se desarrollaban distintos calibres muy similares al .22 Hornet. En 1909 la firma austriaca G. Roth introduce el 5,6x35mmR Vierling. Un calibre muy similar al .22 W.C.F. pero de mayor potencia y más moderno, diseñado desde un principio, para ser utilizado con pólvora sin humo y puntas encamisadas. El 5,6x35mmR Vierling logra un aumento considerable en la velocidad llegando a los 2.000 pies/seg. de velocidad en la boca. El 5,6x35mmR Vierling fue muy popular tanto en rifles monotiro, como en los diversos tipos de rifles combinados europeos. Con los años, debido a su popularidad mundial, el .22 Hornet fue reemplazando al 5,6x35mm, en los combinados europeos. Cabe aclarar que ambos calibres no son intercambiables, el .22 Hornet utiliza una punta de menor diámetro y tiene un reborde más grueso.

Cruzando el Atlántico nuevamente, en los EE.UU., a fines de los años 1920, el Capitán G. L. Wotkyns empezó a realizar ensayos utilizando un cañón calibre .22 L.R. (calibre 0,223 pulgadas), proveniente de un Springfield 1922 y una acción BSA modelo 12, de tipo Martini. Con estos componentes armó un rifle recamarado para la vaina similar a la del .22 W.C.F. pero adaptada al uso de puntas .223 pulgadas. Sus primeros ensayos aparecieron publicados en junio de 1930 en la famosa revista norteamericana "American Rifleman" y para enero de 1931, el famoso experto norteamericano Townsend Whelen, describe las pruebas realizadas con un rifle .22 L.R. recamarado para un cartucho que llamó "el cartucho de Wotkyns", un .22 Winchester Center Fire modificado.

Los resultados balísticos de este cartucho fueron tan buenos para la época, que muchos especialistas comenzaron a realizar sus propios ensayos. En algunos casos se armaron rifles partiendo de los Springfield 1922, un arma de entrenamiento, similar al Springfield 1903 (.30-06 Spr.) pero calibre .22 L.R..

En una publicidad de United States Cartridge Company (U.S.C.Co.), subsidiaria de Winchester, de febrero de 1931, se ofrecía munición de Wotkyns para aquellos que poseían rifles recamarados para este calibre. También había munición comercial, bajo el nombre de .22 W.C.F. Improved que usaba puntas encamisadas de 45 grains, se cargaba con pólvora sin humo. Esta desarrollaba una velocidad en la boca de 2.350 pies/seg. y su precisión era muy buena, para la época, unas 2 pulgadas a 100 yardas (5cm a 91m).

Con el caso del .22 Hornet se dio algo muy particular, en el que un gran fabricante comienza a producir munición de un calibre, para el que no hay rifles comerciales en el mercado. Es importante notar que la vaina que finalmente adopta Winchester (U.S.C.Co.) era distinta de la del .22 W.C.F., es decir que el .22 Hornet no es simplemente una versión de alta velocidad del calibre de Winchester, sino un calibre nuevo.

Griffin & Howe, afamado fabricante norteamericano de armas Custom (a pedido), comienza a ofrecer rifles recamarados para el .22 Hornet, en 1931. Sin embargo, debió pasar otro año más para que Savage lance su modelo M23 a cerrojo para este calibre. Aunque parezca increíble, Winchester lo siguió recién en 1933, recamarando su ya famoso Modelo 54 (de 1925) para el .22 Hornet.

El nombre de este calibre fue evolucionando, así en las primeras publicidades U.S.C.Co., ofrecía la munición como "Improved .22 Hornet", ".22 C.F. Hornet", .22 W.C.F. Improved Hornet" o incluso simplemente ".22 W.C.F.". Finalmente el nombre terminó popularizándose como ".22 Hornet", nombre que sigue en uso.

# THE "WOTKYNS" CARTRIDGE

IN the American Rifleman for January, Colonel Townsend Whelen describes some tests made in .22 L. R. rifles rechambered to take what he calls "the Wotkyns cartridge"—a modified .22 Winchester Center Fire. He so names the cartridge after Capt. "Grove" L. Wotkyns, who has done considerable of the experimenting with high - power loadings in the .22 W. C. F. cartridge.

Those who have rifles rechambered for this modified cartridge will be interested to know that it can now be had under the U. S. trade mark. It is branded U. S. .22 W. C. F. *Improved*. That's what to ask for.

The U. S. .22 W. C. F. Improved carries a 45-gr. S. P. bullet (gilding metal jacket), is loaded with smokeless powder and has the Self-Cleaning (non-corrosive) primer. It develops a muzzle velocity of 2,350 feet per second, with a striking energy of 550 ft. lbs., and is remarkably accurate. With it have been made groups better than 2 inches at 100 yards and better than 4 inches at 200 yards — truly an exceptional small - game cartridge in every respect.

UNITED STATES CARTRIDGE COMPANY
111 BROADWAY.... NEW YORK, N.Y.

El impacto del .22 Hornet en el mercado norteamericano por esos años fue tal que Hercules, una de las más importantes fábricas de pólvora norteamericanas, desarrolla una pólvora especialmente para este calibre. Nace así la famosa Hercules 2400 que obtuvo su nombre por ser la primera que permitió obtener una velocidad en la boca de 2.400 pies/seg. en el Hornet. Esta es la misma pólvora que hoy es tan popular en la recarga de calibres Magnum de revólver.

## WINCHESTER

### MODEL 54 BOLT ACTION RIFLE—SUPER GRADE
Box Magazine—Solid Frame Only

Model 54 Rifle—Super Grade

For .22 Hornet, .250-3000 Savage, .270 Winchester, .30 Gov't '06, 7 m/m, 7.65 m/m and 9 m/m Center Fire Cartridges

BARREL—24 inch round tapered, with ramp front sight base.

STOCK—New design stock with cheek piece. Pistol grip and fore-end fancy checkered. Large rubber cap on pistol grip. Fore-end has new style tip made of black plastic material.

SLING STRAP—One inch Leather Sling Strap attached by quick detachable swivels.

SIGHTS—Lyman gold bead front sight mounted on ramp sight base. New design Winchester Detachable Sight Cover, the barrel sight ramp having special grooves to hold Sight Cover in place. Winchester No. 22-G rear sight. Receiver drilled for Lyman Micrometer Windgauge Receiver Sight No. 48W.

MAGAZINE—Holds five cartridges. Cartridge in chamber makes rifle a six shot repeater.

WEIGHT—About 8¼ pounds.

Order by number shown at left of each item.

| Without Lyman No. 48W Sight | With Lyman No. 48W Sight |
|---|---|
| G5440C—.22 Hornet | G5457C—.22 Hornet |
| G5441C—.250-3000 Savage | G5451C—.250-3000 Savage |
| G5442C—.270 Winchester | G5452C—.270 Winchester |
| G5443C—.30 Gov't '06 | G5453C—.30 Gov't '06 |
| G5444C—7 m/m | G5454C—7 m/m |
| G5445C—7.65 m/m | G5455C—7.65 m/m |
| G5446C—9 m/m | G5456C—9 m/m |

Así como tuvo un desarrollo explosivo, el .22 Hornet perdió rapidamente su fama que se vio opacada por la aparición de nuevos y más modernos calibres. El .22 Hornet comenzó a ceder en popularidad frente a la introducción de calibres cada vez más veloces, como el .220 Swift introducido por Winchester en 1935. La sucesiva aparición de gran cantidad de calibres más veloces en la década de 1950 opacó aún más al Hornet. El .222 Remington en 1950, el .223 Remington en 1957 y el .22-250 en 1967, todos ellos capaces de un alcance y poder destructivo mucho mayor que el Hornet. A pesar de que se siguieron produciendo muchos rifles recamarados para el .22 Hornet, no llegó a recuperar popularidad, eclipsado en gran medida por el .223 Remington, mucho más práctico y potente. Hacia fines del Siglo XX el .22 Hornet volvió a toma impulso y gran número de armas fueron recamaradas para él. Incluso se probó con bastante éxito como calibre de arma corta en el caso de las pistolas monotiro Thompson Contender y el revólver Taurus Raging Hornet.

## Varminter
La caza conocida como "varminter" es una actividad muy popular en los EE.UU. y consiste en una muy útil combinación del control de plagas y caza deportiva. La idea es aprovechar el hecho que hay que limitar el daño ocasionado por alguna plaga, para cazarlas en forma más o menos deportiva.

El .22 Hornet fue uno de los pioneros entre los calibres varminter, que desarrollaba muy alta velocidad y tenía una trayectoria muy rasante para la época en que fue introducido al mercado. Así fue que logró gran fama en poco tiempo, llegando a su máxima popularidad en los años 1930 y 1940, fama que en los últimos años está recobrando gracias a sus virtudes.

## Consideraciones balísticas
Podemos pensar al .22 Hornet como un caballero entre los calibres. Discreto pero eficiente; mortal y

de izq. a der: .22 L.R., .22 Magnum, .22 Hornet y .223 Remington.

confiable sin necesidad de grandes demostraciones de fuerza y ruido, cumple su cometido. El Hornet, ofrece una performance más que aceptable para la caza menor, así como para la caza de plagas a distancias intermedias. El .22 Hornet tiene, según como se lo mire y a pesar de su menor potencia, algunas notables ventajas sobre sus hermanos mayores. Estas son la economía en la recarga, el bajo o casi nulo retroceso y su bajo nivel de ruido.

Considerando su performance, podríamos colocarlo entre el .22 Winchester Rimfire Magnum y el .223 Remington. Para los que le gusta la matemática, esto coloca al Hornet casi exactamente en la velocidad promedio entre ambos calibres.

El Hornet es mucho más eficiente en el uso de la pólvora que los otros calibres varminter, pero esto también implica una menor performance por parte del Hornet que ciertamente no es un calibre para tirar a 200 o 300 metros como el .223 Rem y el .22-250.

Esta menor carga de pólvora del .22 Hornet redunda en un menor rebufo, menor retroceso y menos ruido, que lo hacen apto para tirar en zonas cercanas a centros urbanos y poblaciones, donde la discreción es fundamental. El .22 Hornet es un calibre muy útil para cazar todo tipo de animales menores y tal vez algunos de caza mayor livianos como el dik dik y otros antílopes pequeños. Como calibre de caza menor, sobre todo si piensa comer lo que cace, los tiros deberán ser dirigidos a la cabeza y cuello. Un tiro en la paleta destruye casi toda la carne de la zona y terminará cazando solo "media presa".

El .22 Hornet no es un calibre fácil de recargar, dada la pequeña carga de pólvora que utiliza. En

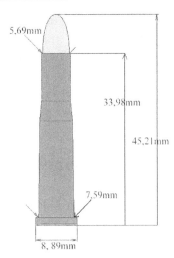

.22 Hornet.

5,69mm

33,98mm

45,21mm

7,59mm

8, 89mm

el Hornet una diferencia de 0,2 grains es realmente significativa, por eso su recarga debe ser de lo más cuidadosa. La vaina del .22 Hornet es única ya que no la comparte con ningún otro calibre comercial. El espesor de las paredes de la vaina original era más fino y fue engrosado alrededor de 1950, por lo que debe tenerse sumo cuidado si utiliza fórmulas de recarga viejas. Por otro lado, también las pólvoras han cambiado, es aconsejable entonces buscar información moderna.

La elección de puntas debe ser también muy cuidadosa tanto en diámetro como en peso. El primer paso aconsejable sería medir el caño y asegurarse cuál es su diámetro interno. Los rifles más viejos suelen tener caños de .223 pulgadas (como el .22 L.R.), pero la gran mayoría de los rifles modernos utilizan cañones de .224 pulgadas. Algunos fabricantes ofrecen puntas para cada opción, tanto en .223 como en .224 especialmente para el .22 Hornet.

El Hornet es muy preciso, pero suele ser muy selectivo con la munición, por ello deberemos probar munición de varios tipos y fabricantes buscando aquella que pegue bien en nuestro rifle.

## Las armas del Hornet

La fabricación de armas en este calibre se inició en 1932 y siguió hasta hoy, sin embargo, desde los años 1.950 hasta fin del Siglo XX, las armas recamaradas para el .22 Hornet no tuvieron la misma popularidad que en sus inicios.

Debido a su tamaño, el .22 Hornet se mostró como un calibre ideal para rifles pequeños y manuables. Así llegó a convertirse en el calibre clásico para reformar rifles con acción tipo Martini, conocidos como "Cadet", que era fabricados por Greener y B.S.A. en Inglaterra y Francotte en Bélgica. El Cadet era un tipo de rifle de entrenamiento con acción tipo Martini como el Martini-Henry militar, pero de menor tamaño. El .22 Hornet es un calibre que parece hecho a medida para este mecanismo, permitiendo tener una excelente balística en un arma del tamaño general de una carabina .22 L.R.. El pequeño tamaño de su vaina hace que, aunque desarrolle altas presiones, no ejerza tanta fuerza y se adapte muy bien rifles de menor fortaleza y tamaño. Pocas armas ofrecen tanta potencia en tan pequeño tamaño como los Cadet.

En Europa, como dijimos más arriba, el .22 Hornet reemplazó rapidamente al nombrado 5,6x35 Vierling en los fusiles monotiro, dobles, drillings y vierlings como calibre de caza menor donde un cartucho con reborde es una notable ventaja.

Hoy la mayoría de los rifles recamarados para el Hornet son de tamaño intermedio y más livianos que el modelo estándar como el Ruger 77/22 o el CZ 527. Estos rifles si bien son más livianos que los fusiles estándar, son los mismos que se ofrecen también en .223 Remington, lo que lo hace menos tentador a la hora de elegir entre el .22 Hornet y el .223 Remington.

Curiosamente fue Thompson/Center fue uno de los fabricantes que le dio un nuevo impulso a este calibre en la segunda mitad del Siglo XX, cuando lanzó su pistola monotiro Contender recamarada para el Hornet en 1967. Luego lanzaría la carabina derivada de este modelo, en 1985. Como calibre de pistola presentaba grandes virtudes, un equilibrio notable entre potencia y mansedumbre.

Tal vez el arma más extraña que dispara este calibre es el revólver Ranging Hornet, de Taurus en Brasil. Un revólver de ocho tiros con caño extra pesado y con la posibilidad de colocarle mira óptica.

**.357 Smith & Wesson Magnum**
**Página 139**

# .243 Winchester

El .243 Winchester es otro de los diez calibres con mayor popularidad a nivel mundial. Esto no es casual, los que lo usan se convierten en fanáticos y, aunque tiene algunos detractores, sigue siendo uno de los más elegidos a la hora de comprar un fusil.

Es importante tener en cuenta que, con la cantidad de calibres que inundan hoy el mercado, son muy pocos los que logran tanta popularidad como para que baste con decir los números para saber, sin duda, a cual nos referimos. Si usted dice simplemente "dos, cuarenta y tres" todos sabemos de qué calibre hablamos.

# Historia

Podemos decir que la creación de un calibre como el .243 Winchester era cosa cantada en la década de 1950. En esos años casi no había calibres que utilizaran puntas de 6mm en los EE.UU.. Su lugar, el de un calibre mediano de trayectoria tendida, era ocupado por una serie de calibres .257 (6,35mm), con diverso grado e popularidad. Con calibres como el viejo .25-35 Win., el .25 Remington, el .257 Roberts y el .25-06, la opción de utilizar calibres 6mm había sido olvidada por años.

Sin embargo, para empezar la historia de un 6mm debemos remontarnos al año 1895, cuando Winchester trabajó en el desarrollo de un nuevo cartucho de calibre 6mm, para un fusil que debía ser adoptado por la Marina Norteamericana. Este fue finalmente conocido como 6mm Lee-Navy. Aunque era un excelente calibre, el 6mm Lee-Navy llegó demasiado pronto cuando las pólvoras sin humo estaban en sus primeros tiempos, con muy poco desarrollo. Por ello, esta munición provocaban graves problemas de erosión en los caños y la vida útil de los mismos era demasiado reducida. Finalmente, la Marina abandonó el proyecto del 6mm y se decidió por el más tradicional fusil Krag-Jorgensen en calibre .30-40 Krag. Aunque aparecieron algunos calibres Wildcat (calibres hechos a pedido) durante el Siglo XX, hubo que esperar cincuenta años para que apareciera otro 6mm de importancia.

La historia del desarrollo del .243 Winchester no es muy clara. Por misteriosas razones, en 1951 llegaron a manos de Warren Page algunas vainas de un calibre que era todavía experimental (el 7,62x51mm). Este escritor, tirador y experimentador norteamericano adaptó estas vainas para poder montar puntas del 6mm. Para ello, le bajó el hombro y le dio los 30 grados de inclinación que eran tradicionales en los Wildcat de la época. Esto se hacía para tratar de mantener el cuello con un largo suficiente como para que pueda sostener la punta derecha. Este wildcat tuvo muy buena aceptación y en poco tiempo se convirtió en un clásico.

Page ofreció su .240 Page (le puso ese nombre) a las autoridades de Winchester, pero estos no mostraron mayor interés por el nuevo calibre. Esto sorprendió a Page, que no sabía que lo que en verdad ocurría era que Winchester ya tenían su propio proyecto para esta vaina y no quería divulgarlo.

Así, a fines de 1952, Winchester presenta la versión deportiva del T65, conocido como .308 Winchester, el que recién en 1954 adoptaría su nombre militar definitivo de 7,62x51 mm NATO. Este fue un paso decisivo para el posterior desarrollo del .243.

Con esta aparición pública del .308 Winchester, otros wildcatters se lanzaron a proyectar sus propias versiones en distintos calibres, entre ellas el 6mm. Esto, sin saber que Winchester ya estaba trabajando en su propio 6mm comercial. Es muy probable que la aparición de tantos Wildcats 6mm utilizando la vaina del .308, fuera lo que, en definitiva, precipitara la decisión de Winchester que, en el año 1955, presenta oficialmente al .243 Winchester, como nuevo calibre para su famoso fusil a cerrojo, el Modelo 70.

Le siguieron otros fabricantes que rápidamente adoptaron el calibre para sus propios modelos aprovechando las ventajas del .243. Una de ellas, y muy importante comercialmente, era que se ajustaba perfectamente a los mecanismos desarrollados para el .308 Winchester. De esta manera cualquier fabricante podía ofrecer ambos calibres en sus modelos con mínimas complicaciones.

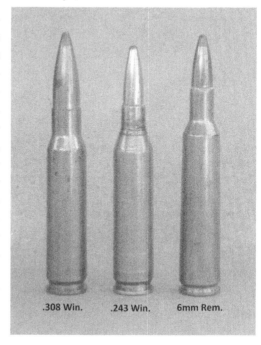

.308 Win.     .243 Win.     6mm Rem.

Es interesante notar que por un breve período este calibre llevó la denominación 6mm Winchester e incluso se fabricó munición con esta leyenda en el culote. Sin embargo, la poca popularidad de los calibres milimétricos en los EE.UU. hizo que rapidamente cambiaran el nombre al que hoy conocemos, ".243 Winchester".

Este calibre se transformó rapidamente en el principal calibre 6mm de alta velocidad en los EE.UU., pero la exclusividad le duró poco. Apurado por la aparición del .243 de Winchester, Remington lanza también su propio 6mm, pero partiendo de una vaina un poco más larga, la del .257 Roberts, que a su vez derivaba de la del viejo 7x57mm Mauser. A pesar de sus virtudes, el 6mm de Remington nunca llegó a hacerle sombra al 243.

## ¿Es un calibre de caza mayor?
Este es un tema bastante controvertido en muchos círculos de caza.

Hay quienes dicen que, con el .243 Winchester, se puede cazar casi todo, mientras que otros lo ubican como un calibre para caza de plagas exclusivamente. Diseñado originalmente como un calibre para la eliminación de plagas (varminter) y caza mayor liviana, se lo ha utilizado para todo tipo de caza mayor, incluso más allá de las expectativas originales de sus creadores. Desde hace años se considera que cazar con fusiles de calibre menor al 6mm no es del todo ético ya que el margen de error que deja es mínimo, debido principalmente al poco peso de sus proyectiles. Es decir que el tiro debe ser "quirúrgico", justo en el lugar adecuado. De la misma manera, se considera que para jabalí y ciervo colorado este mínimo debería elevarse a 6,5mm. Sin embargo, cada lugar posee su legislación al respecto (no siempre muy clara).

## Consideraciones balísticas

El .243 Winchester se posiciona justo en ese gran territorio de los calibre intermedios; entre los calibres varminter de alta velocidad y los calibres de caza mayor, de calibre intermedio. Esto, aunque es una ventaja por la gran variedad de usos que le brinda, tiene un grave problema, que radica en que las prestaciones necesarias para ambas actividades son casi diametralmente opuestas.

Por ello, la elección de los proyectiles se vuelve funda-mental en el .243 Winchester, más aún que en otros calibres. Si el calibre va a ser utilizado para caza de plagas de pequeño tamaño, a larga distancia, lo importante es lograr el mayor daño posible a animales de pequeño porte. Para lograr esto, son aconsejables puntas frágiles que literalmente se desintegren, con efectos devas-

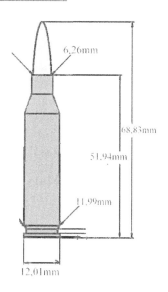

.243 Winchester.

6,26mm

68,83mm

51,94mm

11,99mm

12,01mm

tadores en pequeñas plagas como cuervos, zorros, etc.

Para caza mayor liviana, por el otro lado, se necesitan proyectiles de expansión controlada como las Remington Core-Lock o Hornady de más de 100 grains. Si necesita asegurarse una adecuada expansión con buena penetración, nada mejor que las Nosler Partition o las BarnesX.

## Armas para el .243

Es imposible enumerar, dentro de un margen razonable, todas las armas recamaradas de fábrica para este calibre. Sin embargo podemos hacer algunos comentarios. Son muy pocos los fabricantes de armas que no ofrezcan este calibre en alguno de sus modelos. Como miembro de la familia del .308 Win., el .243 Winchester se adapta muy bien a fusiles de cerrojo corto, así como algunos modelos a palanca y semiautomáticos. Esto, junto con su bajo retroceso y trayectoria tendida, lo hace óptimo para ser usado en rifles livianos de montaña, así como una excelente elección para introducir a niños y mujeres en el tiro con fusil.

## En resumen

Tres son las virtudes principales del .243 Winchester, en primer lugar, es un calibre sumamente preciso. En segundo lugar, su poco retroceso hace que tirar con él sea un gusto, lo que, además, ayuda a mejorar la precisión indirectamente porque es más fácil tirar cuando no esperamos un fuerte retroceso. Por último, su elevada velocidad y la balística de sus proyectiles le dan una trayectoria muy tendida, es decir que nos permite un mayor margen de error en la estimación de la distancia para tiros largos.

**.44 Remington Magnum**
**Página 169**

# .270 Winchester

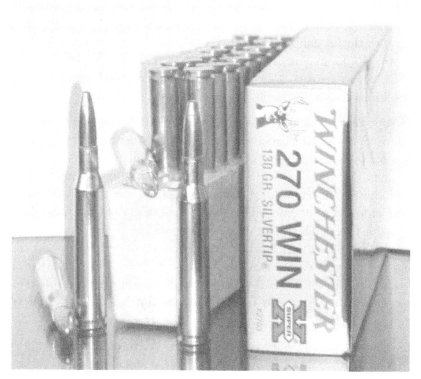

El .270 Winchester es el más famoso de los hijos del .30-06 Spr., y el primero en aparecer, allá por el año 1925. Muy pocos son los usuarios que están conscientes de la edad del .270 Winchester; con sus noventa años, este calibre que está más cerca del siglo que de su juventud y, sobretodo, está muy lejos de jubilarse. En las encuestas que realizan los fabricantes norteamericanos todos los años, siempre se ubica entre los diez calibres más vendidos, ya sea en el rubro armas, como en el de munición o elementos y accesorios de recarga.

# Historia

A pesar de los años que lleva en el mercado, todavía quedan muchas dudas sobre su origen. Solo está confirmado que fue lanzado al mercado en 1925, junto con el rifle que se convertiría en el primer fusil deportivo a cerrojo de Winchester, el Modelo 54.

Sin embargo, no podemos pasar por alto un hecho que resulta sumamente curioso: ¿por qué Winchester decide utilizar un diámetro de puntas que casi no conoce antecedentes? Un calibre tan distinto de los calibres deportivos disponibles y populares en ese momento. La mayoría de los calibres que se desarrollaban por esos años, tenían diámetros de proyectil más o menos estándar, entre los 6 y 8mm.

Si suponemos que Winchester estaba buscando un nuevo calibre que tuviera mayor alcance efectivo que el, ya probado .30-06 Spr., era obvio que tenía que utilizar puntas de menor diámetro, más livianas. En ese caso, podría haber optado un calibre de los comunes, como el 6mm, el 6,5mm o el 7mm, que ya eran más que conocidos. La opción más lógica, práctica y económica para Winchester era desarrollar un 6,35 (.25 pulgadas) o un 7mm, ambos calibres populares en EE.UU., con la vaina del .30-06 Spr.. Este último, hubiera sido un calibre muy bueno como lo demostró el hecho que después se desarrollara con el wildcat 7mm-06 con bastante éxito. Más aún cuando, Remington lo oficializó con la denominación de .280 Remington en 1957.

Es cierto que el .270 es basicamente un 7mm, es decir que mide exactamente 7,04mm pero, el calibre que conocemos como 7mm, es en realidad un 7,21mm. Esto proviene de la forma de medir los diámetros por esos años como se verá en el último capítulo de este libro. Si analizamos esto desde el punto de vista práctico, la diferencia entre utilizar puntas de .270 y 7mm es verdaderamente nominal, de apenas 0,007 pulgadas, es decir 0,1778 mm.

Sin embargo, Winchester se decidió por el .270, un calibre totalmente desconocido en los ambientes deportivos, más allá de algunos ignotos calibres europeos de poca potencia, aunque sí había sido inicialmente probado en el ámbito militar. Hay varias teorías más o menos contradictorias aportadas por distintos autores de la época como Dunlap y Hacker, entre otros testigos privilegiados.

Es mi opinión personal, que uno de los factores determinantes en la elección del calibre .270 es lo que podríamos llamar "Factor Milimétrico". En aquellos años, el período entre ambas guerras y en camino a la famosa Depresión, el mundo era muy distinto al que hoy conocemos. Existía la idea que el mercado norteamericano no deseaba calibres con denominación milimétrica, cosa que se demostraría en varias ocasiones.

Esta resistencia a los calibres milimétricos no era exclusiva de EE.UU., los armeros ingleses, mucho más pragmáticos, utilizaban varios calibres europeos, pero con denominaciones en pulgadas. Así el .256 no era otro que uno de los 6,5mm Europeos y el afamado .276 Rigby era el viejo 7x57mm Mauser con un nuevo nombre. Este prejuicio perduró muchos años ya que lo mismo ocurrió cuando Winchester introdujo su .243 Winchester en 1955, cuya denominación original de 6mm Winchester, fue rapidamente cambiada.

Una probable explicación de este rechazo a los calibres milimétricos es que los dos calibres militares más famosos y populares, el 7x57mm y el 8x57mm, fueron reglamentarios de potencias que fueron enemigas históricas de los EE.UU.. El primero utilizado por España en la Guerra de Cuba contra tropas norteamericanas. El segundo, sirvió en la sangrienta Primera Guerra Mundial en manos de las tropas alemanas y austríacas.

Ahora bien, volvemos a la pregunta original: ¿por qué Winchester eligió el calibre .270? Hay varias teorías.

## La Teoría China

Alrededor de 1906/7 las firma alemana Mauser, junto con D.W.M., desarrollaron, para las fuerzas armadas chinas, dos calibres que utilizaban puntas de 6,8mm, es decir 0,276 medido en pulgadas, casi exactamente el mismo diámetro del .270 Winchester.

El primero de ellos utilizaba, la vaina del 7x57mm Mauser (o la del 8x57mm según otros autores) y el otro utilizaba una vaina de 60mm de largo. El interés de China por este novedoso calibre no duró mucho ya que para el fin de la Primera Guerra Mundial China adoptó el 8x57mm Alemán en forma definitiva, más que nada por problemas logísticos y de suministros.

Muchos autores relacionan la creación del .270 Win. con el desarrollo del 6,8mm Chino y, en prueba de ello, se cita la visita del General chino Qing En Liu (1869-1929) al arsenal de Springfield por esos años. Pero todos coinciden en que el general Liu, un ingeniero con entrenamiento occidental, que era superintendente del arsenal de Hanyang visitó los EE.UU. en dos ocasiones. El General Liu había desarrollado un rifle semiautomático, basado en diseño danés, conocido como "Bang" (sistema de trampa de gases en la boca) usando tanto el cartucho 6.8mm Chino como el 8x57mm alemán.

El General Liu habría visitado los EE.UU. en 1914 y contratado a la firma norteamericana Pratt & Whitney, para que produjera la maquinaria necesaria para fabricar su rifle. Los primeros prototipos de este fusil fueron fabricados, probados y evaluados en el arsenal de Springfield en EE.UU.. En 1916 fueron probados en Nan Yuan, Beijing, China y fueron probados por los EE.UU. más tarde, en uno de los muchos ensayos de rifles semiautomáticos del período (junto con el diseño de Pedersen, el de Garand y otros) en busca de un rifle de infantería para reemplazar los Springfield de cerrojo.

Nada surgió de esas pruebas, por lo que el general Liu y su rifle desaparecieron de la historia, tanto en los EE.UU., como en China. Estando en los EE.UU. en 1919, el General Liu sufrió un ataque que lo dejó hemipléjico y el proyecto chino nunca se terminó.

Algunos autores creen que el 6,8mm Chino entusiasmó a dos famosos escritores y armeros norteamericanos, Hatcher y Askins, que en ese momento eran consultores de Winchester y que, además, pudieron presenciar las pruebas por trabajar en el Arsenal de Springfield.

## Teoría del diseño original

En sentido contrario, hay otra teoría que podemos llamar de "diseño original" que dice que Winchester ya estaba trabajando en un .270 antes de que Liu llevara su rifle a los EE.UU.. Estas teorías tienden a ubicar la visita del General Liu unos años después de los comentados más arriba. En esos años, los EE.UU., como muchos otros países, desarrollaba un cartucho calibre .28 (7mm) basado en el .30-06 Spr., en la línea del .276 o del .280 Ross británicos, aunque este calibre utilizaba puntas de 7mm (.284"). Winchester también realizaba sus propios experimentos.

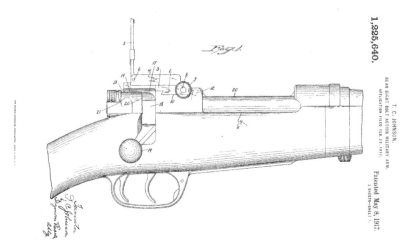

Roy F. Dunlap, en su libro "Gunsmithing", habla de dos escuelas en lo referente al desarrollo del .270 Winchester aunque no nombra la teoría china en ningún momento. Dice que se consideraban dos opciones para el desarrollo de .270 Win., una en base al .256 Newton y la otra derivando del .30-06, dando a esta última más entidad. Lo más interesante de lo que cuenta Dunlap es acerca de un desarrollo militar del .270 Win., que luego de ser abandonado, fue retomado, más tarde, por Winchester, como calibre deportivo. Atestigua Dunlap haber visto munición militar de .270, poco tiempo después de haber terminado la Primera Guerra Mundial. Tal vez sea más razonable pensar que Dunlap haya confundido munición militar del

6,8 Chino, remanente de la pruebas del General Liu, con munición del .270 Winchester militar.

*WINCHESTER.* Bolt Action Military & Sporting Rifles 1877 to 1937

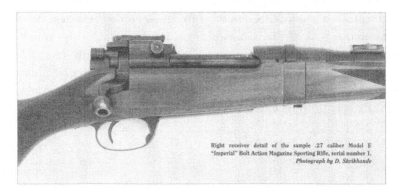

Right receiver detail of the sample .27 caliber Model E "Imperial" Bolt Action Magazine Sporting Rifle, serial number 1. *Photograph by D. Shrikhande*

Según aparece en el libro Herbert G. Houze (Winchester Bolt Action Military and Sporting Rifles, 1877 to 1937) y corroborado por testimonio del coleccionista norteamericano John Moss, existe un ejemplar del Winchester Modelo 51 con número de serie 1, en calibre .270 fabricado en 1919. Este modelo conocido, también como "Imperial", no pasó la etapa experimental.

El Sr. Moss vio ese rifle, con posterioridad, en una exposición junto con cartuchos y la documentación correspondiente, fechada el 16 de Enero de 1917. Esto lo ubica al .270 Winchester unos años después de la primera visita del General Liu. El modelo Imperial nunca pasó la fase experimental, ya que los directivos de Winchester decidieron que los rifles a cerrojo tipo Mauser no tenían futuro en el mercado norteamericano y abandonaron el proyecto antes de 1920.

Es por eso que hubo que esperar a desarrollar el Modelo 54 para introducir este nuevo calibre. El primer anuncio del Modelo 54 y calibre .270 Winchester apareció en el número de Febrero/Marzo de 1925 del Winchester Herald.

## ¿Conclusiones?

Basados en dos versiones de la primera visita del General Liu, una en 1914 y otra en 1918 es difícil llegar a una conclusión definitiva. Algunos autores rechazan la teoría china, considerando que la primera visita del general Liu, habría ocurrido en 1918 y, basándose en esto, Winchester ya había comenzado el desarrollo del .27 W.C.F. (antecesor del .270 Winchester) con anterioridad. Una objeción a esta teoría es que ubica la segunda visita en 1923, pero para ese año el general Liu ya estaba incapacitado. De todas maneras, el "origen chino" del .270 Winchester puede deberse simplemente a la decisión de utilizar un calibre poco conocido, ya que no puede asegurarse que Winchester no conociera la existencia de los calibre chinos con anterioridad.

MODEL 54 BOLT ACTION RIFLE—SUPER GRADE

Box Magazine—Solid Frame Only

Model 54 Rifle—Super Grade

For .22 Hornet, .250-3000 Savage, .270 Winchester, .30 Gov't '06, 7 m/m, 7.65 m/m and 9 m/m Center Fire Cartridges

## Consideraciones balísticas

La balística del .270 Winchester es excelente, tanto es así que sigue siendo, como comentamos, uno de los principales calibres deportivos y no ha perdido impulso a pesar de la marea de nuevos calibres que surgen año a año. Su relación entre potencia y retroceso es también excelente lo que permite tirar con mayor precisión y comodidad, que otros calibres equivalentes.

Si hay algo que ha caracterizado al .270 Winchester desde siempre fue la falta de variedad de munición. Durante años se fabricó munición y puntas casi exclusivamente en dos pesos: 130 y 150 grains. Esto no pareció ser un problema ni una limitación. De hecho, a pesar de ello, este calibre siguió sumando fanáticos.

El más conocido de estos fanáticos fue un maestro norteamericano, devenido en periodista y escritor, que gracias a su devoción por la caza y su habilidad con la pluma logró fama mundial. Jack O´Connor quedó sin ninguna duda ligado al .270 Winchester, calibre que utilizó casi con exclusividad, cuando el tipo de presa lo permitía.

Como dijimos, las prestaciones del .270 son excelentes hoy, pero lo eran mucho más lo eran allá por 1925 cuando todavía muchos calibres de pólvora negra mantenían su popularidad. De allí su rotundo y temprano éxito. Durante muchos años, y aún hoy, casi no existen otros calibres que utilicen puntas de .277 pulgadas, de manera que los fabricantes pudieron ajustar la performance de sus proyectiles a un rango mucho menor de velocidades, logrando una óptima performance.

.270 Winchester.

7,06mm

64,52mm

84,84mm

11,96mm

12,01mm

El .270 Winchester tiene pocos competidores. En lo referente a su balística, es imposible no hacer referencia el 7x64mm Brenneke y al .280 Remington. El .270 y el .280 son tan parecidos que este último tuvo que ser diseñado con variaciones en la vaina, adelantando el hombro, para evitar que por equivocación, se cargara su munición en un rifle .270 Win. Si esto ocurriera habría un exceso de presión sumamente peligroso. En esta comparación, el .270 Win. solo quedaría un poco rezagado si necesitamos utilizar puntas pesadas ya que son rara las puntas .270 pulgadas de más de 150 grains. Por el contrario, uno de los pesos clásicos del 7mm es 175 grains, una punta de óptima penetración, para caza mayor pesada.

También deberíamos nombrar otros dos competidores que utilizan los mismos proyectiles, el .270 Weatherby Magnum y el .270 Winchester Short Magnum, que, aunque lo superan en performance, no lograron mayor éxito. A pesar de la fuerte presión de estos competidores el .270 Winchester no cede un ápice manteniéndose a la cabeza de las ventas de rifles, herramientas y componentes de recarga así como de munición.

Es muy notable el hecho de que la mayoría de los usuarios del .270 Winchester suelen presentar algún grado de fanatismo, llegando al extremo de ser el único calibre que utilizan. El .270 Winchester presenta ese extraño equilibrio que lo hace ideal y hasta casi mágico. Imposible no hacerse fanático.

**.22 Hornet**
**Página 29**

# 7x57mm Mauser

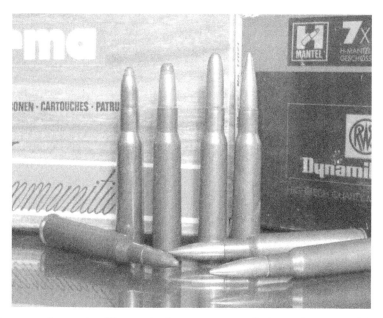

Este es tal vez el calibre más famoso y uno de los primeros calibres creados por la afamada firma alemana, para sus nuevos (en aquel momento) rifles a cerrojo y fue un éxito casi instantáneo, tanto como calibre militar, como en su aspecto deportivo. El 7x57mm llegó al mercado junto con uno de los más radicales cambios tecnológicos, el pasaje de las armas de pólvora negra a la pólvora sin humo.

## Historia

El 7x57mm Mauser pertenece a lo que podríamos llamar la segunda generación de calibres militares modernos, una vez pasada la crisis de fines de los años 1880.

Resumiendo la historia, a fines de la década de 1880, Francia se coloca a la vanguardia de la tecnología militar cuando aparece en escena el 8mm francés, un calibre verdaderamente moderno con punta de pequeño diámetro y pólvora sin humo. Esto convirtió a todos los fusiles reglamentarios de las otras potencias en obsoletos y estas se encontraron en desventaja, viéndose empujadas a crear calibres equivalentes, para no quedarse atrás. Gran Bretaña desarrolla así su .303 y Alemania desarrolla su 8x57mm. Ambos calibres, aunque improvisados, siguieron en servicio hasta pasada la Segunda Guerra Mundial.

El primer calibre moderno de fusil desarrollado por Mauser fue el 7,65x54mm adoptado por Bélgica en 1889 y la República Argentina entre otros. Pasado el apurón empezaron a desarrollarse otros calibres siguiendo los nuevos lineamientos balísticos. Es decir, el uso de proyectiles encamisados de pequeño calibre y pólvora sin humo. Así, en 1892 la firma Mauser junto con la D.M. (Deutsche Metallpatronenfabrik Lorenz Karlsruhe.) crean un nuevo calibre que disparaba puntas de 7mm, utilizando la vaina desarrollada por la comisión de 1888. Nace así el 7x57mm Mauser, como un calibre militar para los fusiles de la misma marca que fue rapidamente adoptado por un gran número de países. España fue el primer país en adoptarlo así como varios países de Latinoamérica que le siguieron, junto con las dos repúblicas Boers de Sud África.

En la época, su desempeño militar fue impecable y dos grandes hitos lo catapultaron a la escena mundial, hacia fines del Siglo XIX. Uno de ellos fue su desempeño en la Segunda Guerra Anglo-Boer en el Sur de África, donde este pueblo (formado principalmente por descendientes de los colonos holandeses) luchó contra las tropas del Imperio Británico, entre los años 1899 y 1902. Las nuevas técnicas de lucha de los Boers, su mejor adaptación al medio ambiente, junto con los excelentes Mauser 7x57mm, les dieron una ventaja que casi llegó a ser decisiva. Finalmente, los Boers fueron derrotados, pero no sin grandes pérdidas por parte de las fuerzas británicas.

El otro campo de batalla donde también brilló el 7x57mm Mauser, fue la Guerra en Cuba donde las tropas españolas armadas con fusiles y carabinas Mauser en calibres 7x57mm y 7,65x54 mm dieron batalla al otra potencia en ciernes, los Estados Unidos de Norteamérica. En la famosa batalla de "Colina de San Juan", el primero de Julio de 1898, un pequeño grupo de 750 soldados españoles, armados con fusiles Mauser, detuvieron durante horas el avance de tres regimientos norteamericanos (unos 15.000 hombres). El excelente desempeño de los Mauser en esta batalla fue decisivo para la adopción, años más tarde, del 30-06 Springfield, por parte de las fuerzas armadas de EE.UU..

## .275 Rimless

Pero el 7x57mm se convirtió también en uno de los calibres deportivos más famosos de Mauser, tanto en su versión de Europa continental, el 7x57mm, como en la británica, el .275 Rimless.

La adopción de este calibre por parte de John Rigby le abrió al 7x57mm la puerta grande del mundo deportivo. Siguiendo la particular idiosincrasia de los armeros ingleses, J. Rigby introduce en 1907 un calibre de su propiedad, el .275 Rimless, que no era otro que el 7x57mm Mauser con sus propias cargas y marcajes.

J. Rigby & Co. fue el único representante de la firma Mauser para el Reino Unido (y sus colonias) desde el año 1898 hasta bien entrado el Siglo XX. Esto significaba que cualquiera que quisiera ofrecer rifles Mauser debía comprarlos a J. Rigby, y este monopolio, tuvo grandes influencias en el mercado armero británico. El resto de los fabricantes ingleses pronto se dieron cuenta del valor comercial de este calibre y empezaron a ofrecerlo en sus propias líneas. Así, por lo general se lo denominó simplemente .275 Rimless, es decir, ".275 sin reborde", pero también .275 Bland, .275 Cervorum o incluso .276, como para crear un poco más de confusión.

Puede resultar curioso que el .275 o 7x57mm aparezca, en muchos libros, nombrado entre los calibres livianos para la caza africana. Esto se debe al amplio uso que se le dio en las colonias británicas, pero sobre todo a dos factores le dieron la balística necesaria para desempeñarse eficientemente en el África colonial de principios del Siglo XX. Por un lado, el equilibrio de su diseño y, por otro, el uso

de una punta pesada de forma redondeada (roundnose), lo hizo un calibre muy popular entre los cazadores africanos. Cuando a fines del Siglo XIX, los cazadores comenzaron a utilizar los nuevos rifles de repetición a cerrojo, la mayoría de la munición era totalmente encamisada de tipo militar. Del uso militar se pudo pasar directamente al deportivo. No es hasta bien entrado el Siglo XX que las puntas expansivas o deformables alcanzaron suficiente confiabilidad para cazar animales pesados. Mientras tanto la mayoría de los cazadores utilizaban exclusivamente proyectiles totalmente encamisados.

Aquí fue donde tres calibres lograron la popularidad que otros no pudieron. Gracias a sus prestaciones balísticas con puntas encamisadas, el 6,5 mm Mannlicher, el 7x57mm y el .303 British lograron fama como calibres deportivos. Por otro lado, el 8x57mm y el .30-06 Springfield quedaron relegados a un segundo plana. Lo que estos tres primeros calibres tenían en común era el uso de puntas pesadas y largas para el calibre, a velocidades intermedias (de alrededor de 2.000 pies/seg.). Esta alta densidad seccional (proyectiles largos) hacía que tuvieran un gran potencial de penetración y por ello lograron gran aceptación para la caza mayor africana. El rápido desarrollo de las

## 7x57mm Mauser.

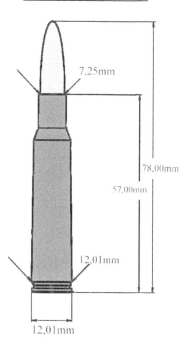

puntas de mejor balística, conocidas como "spitzer", por parte de las dos principales potencias que participarían de las grandes guerras del Siglo XX, EE.UU. y Alemania, pusieron en inferioridad de condiciones al 30-06 y al 8x57mm alemán, a la hora de ser utilizados para caza mayor con bala sólida. La razón por la cual lo proyectiles redondeados (roundnose) eran preferidos era que estos penetraban sin desviarse, mientras que las puntas "spitzer" sólidas tiene una trayectoria más errática dentro de la presa dando resultados erráticos al ser disparada contra grandes animales.

## La Familia

Podemos agrupar algunos calibres en familias que usan vainas muy similares e, incluso derivan unos de otros. El 7x57mm Mauser pertenece a la familia del 8x57mm (el más viejo de ellos), también conocido como 7,92x57mm.

A esta familia pertenecen también el 6,5x57mm, de 1894; el 9,3x57mm de 1903; el 6x57mm y el 9x57mm, ambos del año 1904 y el 6,8x57mm Chino de 1906/7. Como notará el lector, de esta prolífica familia, solo el 7x57mm y el 8x57mm lograron destacarse y mantener alguna popularidad hasta nuestros días.

7x57mm    9x57mm
8x57mm

## Usuarios notables

No son muchos los calibres utilizados por personajes famosos o notables y es muy curioso que a la hora de buscar usuarios famosos del 7x57mm Mauser encontremos, entre otros, con tres ingleses que desarrollaron sus actividades en África y la India. Bueno, en realidad ninguno era estrictamente inglés, uno era escocés, otro era irlandés y el otro hijos de irlandeses nacido en La India.

Este último, Jim Corbett (1875-1955) nació en Nainital, al norte de la India y ganó fama internacional cazando aquellos tigres y leopardos que habían tomado la mala costumbre de comer gente en la superpoblada India de principios del Siglo XX. Las narraciones de sus cacerías, inmortalizadas en cinco libros, fueron antológicas. Allí, sus fusiles Rigby .275 tuvieron un papel preponderante, aunque no excluyente. Es notable la confianza que Corbett depositaba en su .275" y que puede verse al leer en su famoso libro "Las Fieras Cebadas de Kumaón" (ManEaters of Kumaon), donde cuenta que en cierta ocasión cuando le quedaban solo cuatro o cinco horas de luz, colocó un búfalo como cebo y decidió acechar a una tigresa desde entre 200 y 270 metros. Para esto, solo confiaba en su 275 por su gran precisión y porque, de herirla dejaría un buen rastro de sangre que le permitiría perseguirla. Por supuesto, este no era el único rifle que usaba Corbett y tampoco era su rifle preferido en las situaciones más complicadas. Sin embargo, el Rigby lo salvó en más de una ocasión.

El otro famoso usuario de 7x57mm, fue Walter D.M. Bell, más conocido como "Karamajo Bell" (1880-1951). Bell utilizó de este calibre en tierras africanas, así como algunos otros calibres considerados livianos para la fauna africana, como el 6,5mm Mannlicher o el .318 W.Richards. El hecho que gran parte de los más de mil elefantes que cazara fueran muertos con alguno de sus varios fusiles .275 Rigby (7x57mm), habla a las claras del potencial de penetración del calibre, como comentamos antes. Pero también, es justo decir que también muestra la habilidad y sangre fría de Bell.

Durante su larga carrera como cazador de elefantes, Bell tuvo por lo menos seis rifles calibre .275 Rigby.

Por último, al hablar de calibres de principios del Siglo XX, es casi imposible dejar de citar al famoso John "Pondoro" Taylor, uno de los más grandes cazadores (y furtivos) de la historia. Él probó y usó la gran mayoría de los calibres existentes en su época y volcó su experiencia en el excelente libro "Rifle y Calibres Africanos" editado en castellano hace unos años. Taylor, aunque reconoce que se ha utilizado el 7mm para cazar todo tipo de caza en África con éxito, no lo recomienda. Pero no lo hace porque el 7x57mm no sea apto, sino debido a que muchos cazadores empezaron a utilizar munición expansiva en animales pesados, sin tener en cuenta sus limitaciones de penetración.

Otros famosos cazadores lo utilizaron ocasionalmente o como calibre para caza media y liviana, como fue el caso de Jack O´Connor, de quien se habla en el capítulo dedicado al .270 Winchester.

## Consideraciones balísticas

Su balística, sin ser espectacular, le permitió al 7x57mm ubicarse como uno de los calibres más usados para caza mayor en el mundo, aún después de su período "africano". A pesar de que en su momento era considerado un calibre muy veloz y de trayectoria tendida, hoy está ubicado dentro de los calibres de velocidad media.

Como todos los 7mm, el 7x57mm Mauser, ofrece un amplio rango de posibilidad, gracias a la gran cantidad de proyectiles que podemos encontrar en el mercado. Tiene amplio rango de opciones, pero los proyectiles de 175 grains son excelentes ya que logran una velocidad y trayectoria más que aceptable, con un excelente potencial de penetración. Esto le permite un excelente desempeño para la caza mayor, aún con los animales más pesados.

Varios competidores han eclipsado, en alguna medida, su popularidad, así el 7x64mm Brenneke compite fuertemente en Europa, mientras que el .280 Remington y el 7mm08 en los EE.UU.

El 7mm08 Remington es tal vez el más fuerte competidor ya que posee idéntica balística a menor costo, tanto en rifles como en munición.

Existe también una versión el 7x57mm con reborde, que posee prestaciones apenas menores que la versión estándar. Este cartucho es muy utilizado en rifles monotiro, dobles, combinados y drillings. El reborde asegura una buena extracción en este tipo de mecanismos. Por otro lado, en atención a la menor fortaleza de estos rifles, su carga es menor, produciendo en consecuencia menores presiones.

Existe una versión muy extraña del 7x57mm Mauser emparentada al 7,65x54mm, el llamado 7mm Boer, 7mm "karnack" o cuello corto. Estos cartuchos, poseen casi todas las dimensiones del 7x57mm Mauser pero su vaina tiene apenas 54mm de largo. Mucho se discutió acerca del origen y la autenticidad de esta munición, pero hoy está claro que fue hecha en fábrica por D.M. (Deutsche Metallpatronenfabrik Lorenz Karlsruhe.), utilizando partidas de vainas destinadas a la carga de munición 7,65x54mm con el culote "FYA" que significa "Fusil y Ametralladora"; estampa utilizada en partidas de munición destinada a Argentina.

Se supone que, ante la urgente demanda de munición por parte de los Estados Boers para combatir contra las tropas británicas, D.M. utilizó las vainas que tenía a mano para cumplir dicho pedido. La elección recayó sobre el stock de vainas para la República Argentina. Finalmente, esto no resultó ser una buena idea ya que al ser más cortas producían una erosión en la recámara que dificultaba la extracción de la munición normal.

## Armas

Por supuesto que un calibre con más de 120 años debe haber sido recamarado para un gran número de rifles. Mauser, por ejemplo, además de los modelos militares ofrecía modelos deportivos en este

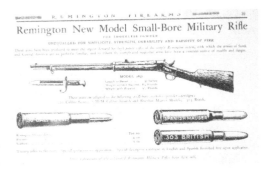

calibre. Dentro de los modelos militares encontramos el fusil M93 español, el M94 brasilero, el M95 de Chile, Uruguay, China, etc., entre los deportivos, casi todos sus modelos clásicos, A, B, M, etc..

Los rifles deportivos ingleses en calibre .275" Rimless que se convirtieron en verdaderos clásicos y hoy tienen precios astronómicos, para un simple fusil a cerrojo. Por otro lado, siendo un calibre originalmente militar, el 7mm Mauser fue recamarado para muchos otros fusiles como los Manlincher, Sauer, Sako, etc.. Tal vez hoy resulte extraño que la firma norteamericana Remington, ofrecía su Modelo N°5, monotiro con sistema Rolling Block, la versión de pólvora sin humo, en 7x57mm entre otros calibres militares.

Winchester también recamaró en 1925, su Modelo 54 en varios calibres que incluían los tres calibres militares más populares de la época, el .30-06 Spr., el 7,65x54mm y, por supuesto el 7mm Mauser.

En su versión con reborde suele utilizarse en rifles europeos de quebrar. Estos rifles adaptados a todo tipo de caza suelen incluir al 7x57mmR como calibre de caza mayor, junto con un caño calibre, 16 de escopeta y otro .22 Hornet para caza menor y de plagas.

**7,63x25mm Mauser**
**Página 71**

# 7mm Remington Magnum

Hay dos cosas notables respecto de este calibre, por un lado, con él Remington logró el difícil cometido de establecer un calibre milimétrico en el mercado norteamericano. Hasta la aparición del 7mm Remington Magnum, casi ningún calibre milimétrico logró popularidad en los EE.UU. El segundo logro de este calibre es el de mantenerse casi desde su presentación dentro de los diez primeros calibres en ventas alrededor del mundo.

## Historia

Allá por 1962, Remington lanza, en forma conjunta, un nuevo rifle y un nuevo calibre. El primero era un fusil a cerrojo de movimientos combinados moderno, denominado Modelo 700 Este nuevo rifle, de diseño mucho más "moderno" venía a reemplazar al viejo Modelo 725 que se venía fabricando desde 1958. Junto con este fusil, introduce el nuevo 7mm Remington Magnum.

Remington esperaba que el lanzamiento conjunto potenciara las ventas. Tal fue su éxito, que el modelo 700 y el 7mm Remington Magnum se convirtieron en muy poco tiempo en dos clásicos, que hoy siguen manteniendo vigencia.

En realidad, el 7mm Remington Magnum no fue el primer intento de Remington de tener su propio 7mm. Desde hacía tiempo, Remington quería tener su propio calibre para competir en ese espectro de calibres medios, que estaba copado por el famoso .270 Winchester. En 1957, Remington había lanzado al mercado norteamericano su 7mm Remington Express. Basado en la probada vaina del 30-06 Springfield. Ante la falta inicial de aceptación de un 7mm, le cambió rapidamente el nombre por el de .280 Remington, buscando "desengancharse" de la mala suerte asignada a los calibres milimétricos en los EE.UU. (comentada en otros capítulos).

De todas maneras, a pesar de la poca aceptación de su nuevo .280, Remington no podía obviar la fama y el éxito mundial de otros dos excelentes calibres 7mm alemanes, el 7x57mm Mauser y el 7x64mm Brenneke, que se constituyeron en dos de los mejores y más populares calibres para caza mayor en Europa Continental.

Remington decide probar nuevamente unos años después e introducir su propio 7mm Magnum, con la esperanza de aprovechar la manía de los Magnum que reinaba en los EE.UU. por esos años y obtuvo el resultado esperado. Tanto es así que durante todo ese tiempo (y aún hoy), cada nuevo rifle introducido al mercado norteamericano, era ofrecido en su versión Magnum tanto en calibre .300 Winchester Magnum y 7mm Remington Magnum, casi sin excepción.

Se cuenta que se debe su diseño original al famoso cazador, guía de caza y escritor Les Bowman. Según se cuenta, durante los años en que trabajó como guía de caza, Bowman vio que muchos cazadores fallaban tiros fáciles debido al miedo al retroceso de los .300 Magnum. Existía un calibre de menor retroceso que parecía perfecto para evitar este problema, el 7mm Weatherby Magnum. El problema con el 7mm de Weatherby era que este calibre, debido al paso de estrías del caño, no funcionaba bien con las puntas pesadas necesarias para la fauna de Wyoming, porque no las estabilizaba correctamente.

Según sigue la historia, Remington le había mandado a Bowman un par de rifles Remington en calibre .280 (comentado hace un momento). Aprovechando eso, Bowman envió uno de estos rifles a un armero amigo con la idea de reformarlo para un nuevo wildcat, hecho con la vaina del .338 Winchester Magnum, pero con el cuello reducido para aceptar puntas 7mm.

Les Bowman utilizó dicho rifle en la temporada de caza de 1958 y también se lo prestó a sus clientes. Entre estos clientes, estaban dos representantes de la Remington que cazaron ese otoño con el nuevo calibre. Les gustó tanto, que ese mismo invierno, invitaron a Bowman a la casa central, en Connecticut, donde entrevistó al presidente de Remington Arms. El resto es historia y este calibre, que nació como un juego intelectual, terminó siendo uno de los más populares calibres Magnum de la historia. Finalmente, como dijimos, en 1962, Remington lanza su magnum 7mm.

Elmer Keith, otro famoso cazador y escritor norteamericano y amigo personal de Bowman, escribió uno de los primeros artículos sobre el calibre, en la revista Guns en 1964. Allí Keith expresa que consideraba que el 7mm Remington Mag. era un excelente calibre para la caza mayor de animales menores al elk. Para este

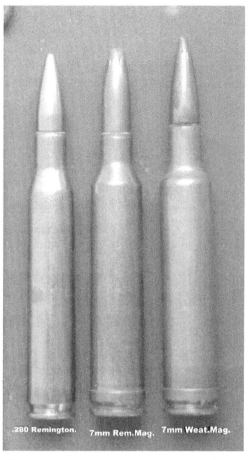

.280 Remington.   7mm Rem.Mag.   7mm Weat.Mag.

último, aclaraba, prefería calibres de mayor diámetro y potencia. A pesar de ello, muchos años después, Keith escribió que el 7mm Remington Magnum era un excelente calibre para cazar coyotes. Debe considerarse que en esos años Keith se dedicaba a expresar ideas radicales para generar controversias e irritar a los cazadores más conservadores.

## Presentación oficial
Hace años que guardo un pequeño folleto de Remington, el "Boletín

Internacional de Caza y Tiro de Remington, Du Pont y Peters", fechado en octubre de 1962. Es una de las primeras presentaciones oficiales del 7mm Remington Magnum para el público hispano parlante y su lectura resulta muy interesante, considerando los años que han pasado:

## CARTUCHO REMINGTON
## Nuevo MAGNUM, de 7 mm,
## PARA CAZA MAYOR

La Remington Arms Company, Inc., se complace en anunciar el nuevo cartucho Remington Magnum, calibre 7 mm, de fuego central, para caza mayor. Se ofrece en las dos marcas, Remington y Peters. Se distingue por la extraordinaria velocidad de la bala, tanto inicial como de recorrido, su trayectoria rasante y una enorme fuerza de impacto. Los nuevos cartuchos se fabrican con bala de dos estilos: Bala Puntiaguda Cor-Lokt, de Punta Blanda, de 150 granos, y Bala Core-Lokt, de Punta Blanda, de 175 granos. Los nuevos rifles Remington Modelo 700, de acción a cerrojo, llevan recámara propia para disparar los nuevos cartuchos Remington Magnum de 7 mm.

Los datos balísticos pertinentes son los siguientes:

| Peso en granos | A BOCA DE CANON Velocidad m/seg. | Impacto Kilogra-metros | A 100 m m/seg. | A 200 m m/seg. | A 300 m m/seg. | Elevación de la Trayectoria sobre la rasante a 100 m |
|---|---|---|---|---|---|---|
| 150 | 993,6 | 489,4 | 957,1 | 841,2 | 734,6 | +1,4 |
| 175 | 920,5 | 489,4 | 838,2 | 649,2 | 496,8 | +0,2 |

Entre los aficionados mundiales a la caza mayor, el cartucho standard de 7 mm ha sido uno de los predilectos, desde hace muchos años. Por ello, donde quiera que se celebran reuniones de cazadores, ya sea que practiquen la caza del ciervo, del oso, etc., invariablemente se prodigan alabanzas que afirman la supremacía de este cartucho, tanto por su gran estabilidad balística, como por la admirable trayectoria rasante de su bala y la gran precisión que se obtiene en el tiro a larga distancia.

No obstante estas reconocidas ventajas, el cartucho standard de 7 mm sirvió sólo de punto de partida en la creación del nuevo cartucho Remington Magnum, de 7 mm. Aumentando la capacidad de la vaina y dotándolo de la famosa bala "Core-Lokt," se logró aumentar la velocidad de la bala de 175 granos, de punta blanda, de 759 m/segundo al salir de la boca del cañón, a 920,5 m/segundo. Empleando bala puntiaguda "Core-Lokt," de punta blanda, con peso de 150 granos, la velocidad de salida llegó a 993,6 m/segundo.

Según manifiesta el Ing. G. M. Calhoun, director de investigaciones y creaciones de la Remington, "el nuevo cartucho Remington Magnum, de 7 mm, es, según todas las pruebas realizadas en el laboratorio y en el campo, el mejor en su tipo jamás fabricado, ya sea desde el punto de vista balístico, como por la extraordinaria velocidad que alcanza la bala. Estamos convencidos de que no se trata solamente de un nuevo cartucho Magnum, sino de uno que no tardará en adquirir renombre mundial por sus ventajas excepcionales."

# Consideraciones balísticas

Para los cazadores, el 7mm Remington Magnum es un calibre con retroceso apenas mayor al del popular .30-06, pero con una

## 7mm Remington Magnum.

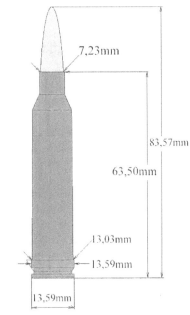

7,23mm

83,57mm

63,50mm

13,03mm

13,59mm

13,59mm

trayectoria más tendida. La posibilidad de utilizar la excelente punta de 175 grains que, con su alta densidad seccional, ofrece un equilibrio entre performance y penetración, sin embargo, muchos todo esto no alcanza a equiparar al .300 Winchester Magnum en performance.

Incluso puede ser discutible, que el 7mm Rem.Mag. sea incluido entre los calibres "magnum", su performance se ubica más entre los calibres medios como el .270 Win., .280 Rem., .30-06 Spr. Considerando su balística, el .300 Win. Mag., .300 Weatherby Mag. y demás Magnum pertenecen a otro grupo bastante diferente, por su mayor potencia.

Tal vez Remington cometió un error al utilizar una vaina tan corta para su 7mm Magnum. Es probable que hiciera esto para asegurarse que el cartucho tuviera el largo adecuado para ser usado en rifles con acciones normales, aún con las puntas más pesadas del calibre. Esta limitación en el largo parece lógica en el caso del diseño original de Bowman que partió del .338 Win.Mag. ya que no podía alargar la vaina. Pero Remington, podría haber aprovechado para ofrecer una mejor performance, utilizando una vaina más larga y con mayor capacitad. A pesar de todas esta críticas, el 7mm Remington Magnum ha logrado un sitio privilegiado en el mundo de los calibres de caza y lo ha mantenido por más de medio siglo.

## .300 Winchester Magnum
**Página 95**

# 7,63x25mm Mauser

Puede parecer absurdo incluir un calibre obsoleto en este libro, un calibre para el que, además, hace años que no se fabrican armas y que hace décadas que dejó de ser reglamentario de alguna fuerza militar. La razón para incluirlo es muy simple, el 7,63x25mm, en sus diversas versiones, fue una de las piezas claves en el desarrollo de las primeras pistolas semiautomáticas efectivas. El 7,63 permitió crear un conjunto arma/cartucho eficiente, efectivo y confiable que estableciera a la pistola semiautomática como arma de combate y defensa.

## Historia

En los últimos años del Siglo XIX, comienzan a desarrollarse las primeras armas de funcionamiento automático y semiautomático. A diferencia de los revólveres, las pistolas semiautomáticas dependen de su munición para ciclar el mecanismo y poder efectuar el siguiente disparo, sin que se trabe. Esto es, armas que utiliza la fuerza de retroceso del cartucho para accionar los mecanismos de manera que la vaina servida (del cartucho disparado) sea expulsada y un cartucho nuevo sea introducido en la recámara para poder efectuar el siguiente disparo.

Antes de empezar con la historia propiamente dicha de este calibre debemos hacer una aclaración: este calibre tuvo tres versiones principales, la original desarrollada por Hugo Borchardt, años después, Mauser retoma el calibre potenciándolo para su propia pistola y finalmente las fuerzas armadas rusas lo adoptan como calibre para pistolas ametralladoras y armas cortas. De eso hablaremos en las siguientes líneas.

En el año 1893, el genial y poco conocido inventor alemán, Hugo Borchardt, desarrolla un cartucho (7,65x25mm Borchardt) para ser utilizado en su excelente, aunque extraña, pistola semiautomática. La pistola de Borchardt, denominada C-93, fue la primera pistola semiautomática fabricada en serie y la primera en ser realmente confiable y efectiva. Sin embargo, la fabricación de la pistola Borchardt era muy costosa y su retroceso desagradable, eso dificultó notablemente su difusión. A pesar de ello, la Borchardt logró un sitial de honor en el mundo de las armas.

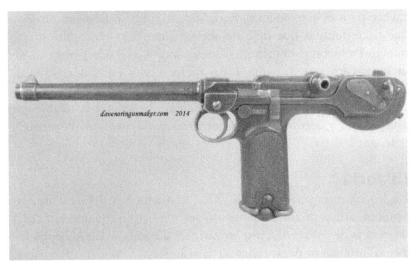

Por esos años comenzaban las pruebas de nuevos calibres de menor diámetro que, junto con las nuevas pólvoras sin humo, brindaban una balística mucho mejor que los viejos calibres de pólvora negra. Esta reducción de calibre fue dándose primero en armas largas, con la adopción a fines de la década de 1880 de calibres como .303 British, 8x57mm, 7mm Mauser, entre otros, para luego hacerlo en las armas cortas.

El 7,65 x 25 Borchardt era un cartucho con vaina abotellada, es decir que el culote era de mayor diámetro que el cuello que retenía el proyectil. Para su momento, el calibre de Borchardt era excelente, sin embargo, no logró popularidad ni fama, muy probablemente debido a que su uso estaba limitado a esa extraña e incómoda pistola.

Algunos calibres de pistola.

7,63mm Mauser — 7,65mm Luger — 9mm Tokarev — 9x19mm Para — .38 AC — 9mm Mauser

Unos años después, la famosa firma alemana Mauser desarrolla su propia pistola semiautomática, la llamada Mauser C96. Vale la pena aclarar que esta pistola tampoco tenía líneas muy tradicionales con el cargador ubicado delante del arco de guardamontes, ubicación similar a la de los fusiles militares de la época. Esta pistola logró gran fama y, aun hoy es considerada una verdadera obra de ingeniería. Se arma como un rompecabezas, ya que sus piezas encajan entre ellas y tiene un solo tornillo, el que sostiene las cachas de madera de la empuñadura.

Últimos estudios han encontrado que Theodor Bergmann visitó la fábrica de Paul Mauser alrededor de 1893 para interesarlo en la fabricación de su pistola. Mauser no mostró mayor interés hasta que en 1895 patentó su propio diseño, que casualmente es muy parecido al de Bergmann, quien finalmente tuvo que conseguir otro pistola.

Para su pistola, Mauser, elige utilizar la vaina de Borchardt, en 1895, pero eleva la carga de pólvora, aumentando así la velocidad y potencia. Al parecer Mauser y Borchardt mantenían una cordial relación. Esta pistola C96 sí logró gran fama y fue utilizada por muchos personajes famosos como el mismo Wiston Churchill (el que luego llegara a ser primer ministro Británico). Según su relato, el alto volumen de fuego de la C96, y la efectividad de su cartucho, le salvó la vida durante Batalla de Omdurman en 1898 y durante la Segunda Guerra Boer, en el sur de África.

Sin embargo, el 7,63x25mm, junto con la pistola Mauser, nunca fue reglamentariamente oficial de algún ejército occidental. Muchos gobiernos compraron partidas de las Mauser, como Turquía, Persia, China y Austria. Algunas fuerzas armadas alemanas e, incluso, la policía  francesa, también la usaron. Sin embargo, Alemania, su país de origen, prefirió adoptar el calibre 9x19 mm Luger, junto con la pistola P04 y P08. Con posterioridad, mantuvo ese calibre como reglamentario cuando cambió las P08 por las Walter P38 y sucesivas.

Curiosamente, el conjunto Mauser/7,63mm, tuvo gran popularidad entre los oficiales de distintos ejércitos, Los que la preferían al arma reglamentaria provista por su gobierno, que en muchos casos era un revólver o pistola de pequeño calibre.

A esta lista podemos agregar también las muy numerosos copias Españolas y Chinas de la pistola Mauser en este y otro calibres.

# Tokarev

Los únicos gobiernos que adoptaron este calibre en otra de sus versiones fueros los países del llamado "bloque del este" y la U.R.S.S. En estos países fue reglamentario de sus fuerzas armadas durante un tiempo considerable, pero en su versión 7,62x25mm Tokarev. Este es un cartucho casi idéntico el 7,63 Mauser en sus medidas externas, con vaina apenas más corta. Sin embargo, se disminuyó nuevamente la carga de pólvora para poder adaptarla a armas menos resistentes que la mítica C96. Por consiguiente, el 7,62 Tokarev tiene menor velocidad inicial y potencia que el calibre Mauser, potencia similar al de Borchardt.

El 7,62x25mm Tokarev se utilizó originalmente en la pistola Tokarev TT-33, primera pistola automática de dotación rusa. Otras pistolas también fueron recamaradas para este calibre como la CZ52 y mucho más tarde (1990) la OTs-27 Berdysh, aunque finalmente se descartó el 7,62 como calibre para esta última pistola. Se usó también en armas largas, principalmente pistolas ametralladoras, como la PPShM41, la PPS-43 y una conversión de la pistola ametralladora francesa, MAT49.

Bajo la influencia comunista otros países como China y sus satélites (Corea, Vietnam del Norte, etc. También utilizaron gran cantidad de armas recamaradas para este calibre.

## Consideraciones balísticas

El 7,63 Mauser constituyó un verdadero hito en la historia de las armas cortas. Aunque nunca tuvo gran popularidad, el 7,63mm Mauser logró ser el más popular dentro del selecto y raro grupo de los calibres de arma corta con vaina abotellada. Logró mayor popularidad que calibres olvidados como el .22 Remington Jet o el .256 Win..

El 7,63 Mauser, con sus 1.300 pies/seg. de velocidad en la boca fue, durante mucho tiempo, el calibre comercial más veloz. La aparición del .357 Remington Magnum en el año 1935, lo relegó a un segundo puesto. La sucesiva aparición de nuevos calibres lo llevó casi al olvido. Gracias a esta velocidad, casi increíble para la época en que fue creado, su trayectoria era muy tendida y permitía disparos a mayor distancia que las pistolas y revólveres contemporáneos. Para aprovechas esto, a las pistolas Mauser Modelo C96 se les podía adosar una culata y el alza, regulable en altura, estaba marcada hasta los 1.000 metros. Las prestaciones del 7,63mm Mauser, son realmente extraordinarias considerando la época en que

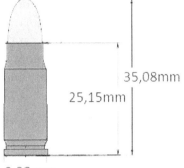

# 7,63x25mm Mauser

se creó, su velocidad a la boca es la que hoy tienen los calibres magnum. Allá por 1895, la velocidad usual de un proyectil de arma corta rondaba los 250 m/seg. (820 pies/seg.) o incluso menos en algunos calibres viejos de revólver.

La adopción del 9x19mm por parte de Alemania en 1908 puso punto final a las expectativas del 7,63 Mauser y el fin de la Segunda guerra Mundial a las del 7,62 Tokarev, reemplazada por los 9mm.

El 7,63x25 en todas sus versiones fue una de las piezas claves para articular el paso desde el uso generalizados de los revólveres al de las pistolas automáticas. El relativo éxito de la pistola Borchardt, llevaría al desarrollo de la pistola Luger Parabellum y el 9x19mm Para y el éxito de la pistola Mauser, convencería a los gobiernos de las ventajas de la pistola semiautomática como arma corta militar.

**.38 Smith & Wesson Special**
**Página 129**

# .308 Winchester/ 7,62x51mm N.A.T.O.

El .308 Winchester, con su más de medio siglo, es uno de los jóvenes calibres de caza mayor más populares del mercado. Esto se debe a sus varias ventajas, una potencia suficiente para la mayoría de la caza mayor, un retroceso manejable aún para quienes recién se inician, una buena trayectoria dentro de las distancias de caza y una generosa variedad de munición y componentes de recarga. Por todo esto es el calibre preferido a la hora de recomendar uno para aquellos que se inician y aún para los expertos. El .308 Winchester es, junto con el .30-06 Spr., uno de los calibres no-magnum preferidos por los cazadores de todo el mundo.

# La historia

Los calibres .30 son muy populares en los EE.UU. y podemos rastrear sus orígenes desde fines del Siglo XIX. Por esos años el gobierno norteamericano decide reemplazar sus viejos fusiles Springfield monotiro, calibre .45-70 Govt, por los fusiles Krag-Jorgensen de repetición a cerrojo, calibre .30-40. Este último calibre, aunque mucho más moderno que el viejo .45-70 Govt, arrastraba características de los diseños antiguos, con una vaina fuertemente cónica, dotada además de reborde.

En la faz deportiva, por esos años, la introducción del .30-30 por parte de Winchester, en 1895, dio inicio a la dinastía de los calibres .30. Más adelante, la adopción del .30-06 y los subsiguientes .30 Remington y .300 Savage establecieron al calibre 0,308 pulgadas como un calibre popular en los EE.UU..

La Primera Guerra Mundial, además de una inmensa masacre, fue un enorme campo de prueba para las armas. A su fin, fue obvio que el futuro del armamento militar liviano estaba en las armas automáticas. Entonces, las Potencias Mundiales comenzaron extensos experimentos con los más diversos diseños. El primer problema que resultó evidente fue el del largo de la munición utilizada por las grandes potencias. La geometría de las armas automáticas se adaptaba muy mal a los calibres existentes que habían sido diseñados para fusiles a cerrojo, como los Mauser y Springfield. Por ello, muchas de estas armas automáticas incluían en el diseño, sus propios nuevos calibres. Se probaron distintos diseños, sobre todo una gran cantidad en calibre .280 o 7mm que parecía tener muchas ventajas.

Aunque el .30-06 era un calibre excelente y podía utilizarse en armas automáticas, su largo obligaba a un excesivo recorrido de los mecanismos y aumentaba el peso y tamaño de los rifles, como pudo verse con el famoso Garand M1. De hecho, en el momento de su adopción, existían muchos calibres modernos más prácticos que podían utilizarse en armas automáticas, con mejor desempeño que el .30-06. Sin embargo, se dice que a instancias del general Douglas Mc Arthur, el Garand fue finalmente desarrollado para el .30-06.

Luego, la Segunda Guerra Mundial demostró que el .30-06 Springfield, aunque era un excelente calibre militar, resultaba excesivo para las distancias normales de combate modernas, en los nuevos escenarios. Las fuerzas armadas norteamericanas ya habían ensayado un calibre .30 de menor potencia con poco éxito, el .30 Carbine. Este pequeño calibre era muy práctico, pero se quedaba muy corto en potencia, apenas más potente que un calibre de arma corta y, por ello, fue finalmente abandonado.

Al final de la guerra era obvio que hacía falta un nuevo calibre, pero el escenario mundial había sufrido grandes cambios. Con la Guerra Fría en pleno desarrollo, los países occidentales fundan, en 1949, la O.T.A.N, "Organización del Tratado del Atlántico Norte", o N.A.T.O. por sus siglas en inglés. Ahora el problema se complicaba aún más ya que debían desarrollar un calibre que dejara conformes a todos los miembros integrantes de la N.A.T.O. Esto implicaba llegar a un compromiso, que finalmente no se hizo. Se probaron muchos calibres.

Inglaterra realizó ensayos con un par de calibres .280 o 7mm. Pero para EE.UU. este calibre era inaceptable y, por eso, las pruebas siguieron con una adaptación de estos calibres conocida como 280/30. Todos estos ensayos fueron realizados por la BBC Trials (British, Belgium, Canada Trials). Sin embargo, en 1944, EE.UU. comienza a realizar sus propias pruebas en el arsenal de Frankford, usando como base un viejo calibre. Para ello, el Arsenal compró vainas comerciales marca Winchester y Remington, del viejo .300 Savage. Con estas se armaron los cartuchos para las primeras pruebas, con el fin de determinar la factibilidad del proyecto. Se midieron presiones de trabajo, velocidades, y se ensayó en busca de pólvoras y fulminantes apropiados.

Como puede verse, en el campo deportivo, la idea de un calibre .30 de vaina corta ya había sido probada muchos años antes, cuando, en 1920 Savage desarrolló el .300 Savage. Este calibre utilizaba una vaina similar a la del .250 Savage, adaptada para aceptar puntas calibre .30. La vaina quedó así con un largo de 47mm, de esta manera el largo total del cartucho resultó apto para el Modelo 99. A pesar de su tamaño, el .300 Savage, que desarrollaba 2.600 pies/seg. con la punta de 150 grains, se acercaba mucho a la balística original del 30-06 Springfield, si consideramos la balística de este calibre en el momento de su adopción, en 1906.

Volviendo a los ensayos militares norteamericanos, cuando se vio que el calibre funcionaba bastante bien, se produjo una cantidad de vainas militares para realizar ensayos con distintos largos de vaina y distintos ángulos del hombro. El diseño final fue aprobado en 1949 y se lo denominó FAT1E3. A pesar de ello, se siguieron haciendo ensayos hasta su definitiva adopción por la O.T.A.N. (Organización del Tratado del Atlántico norte) en Agosto de 1954.

Un tema que suele aparecer en las discusiones acerca del origen del 7,62 es el de la razón por la cual se tardó tanto tiempo para su desarrollo. Algunos autores dicen que hubo que esperar a que se desarrollaran nuevas pólvoras para poder reducir la vaina sin perder condiciones balísticas. En resumen, para achicar la vaina del .30-06 Spr. sin perder performance. Esta teoría se basa en que los desarrollos del 7,62mm fueron hechos con modernas pólvoras de Winchester, denominadas "Ball". Sin embargo, estos mismos desarrollos pudieron haberse hecho con pólvoras más viejas como lo demuestra el hecho de que el .308 Win. se puede cargar con muchas pólvora como la IMR 3031, 4320 y 4895 que estaban disponibles desde los años 30. La pólvora "ball" no fue elegida precisamente por tener características balísticas especiales, sino por ser más económicas de fabricar y funcionar mejor en las tolvas automáticas.

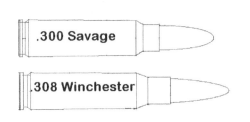

Sin embargo, este detalle de usar pólvora

"ball" para su desarrollo, resultaría clave en la creación de la versión deportiva de este cartucho. Debido a que Winchester proveía la pólvora, se vio involucrado en el desarrollo del proyecto. A eso se sumaba el hecho que ya desde 1948 Winchester planeaba el desarrollo de un nuevo fusil, menos costoso que su famoso Modelo 70. Varios prototipos fueron fabricados y recamarados para un nuevo calibre denominado .30-80 W.C.F.. Finalmente, en 1952 Winchester abandona el proyecto del Modelo 80 y solicita al departamento de Ordenanza la autorización para utilizar la vaina desarrollada en un calibre deportivo, y dicho permiso fue concedido: nace así el .308 Winchester.

Prototipos y modelo definitivo del 7,62x51mm NATO

Las primeras cargas, bajo las marcas Super-X y Super Speed, utilizaban puntas de 110, 150 y 180 grains. Estas fueron lanzadas al mercado junto con un nuevo Modelo 70 Feather Weight, más corto y liviano que el fusil original. A la hora de elegir un nombre, y habiendo abandonado el proyecto del Modelo 80, Winchester abandona la denominación .30-80 por el ya conocido .308 Winchester.

Dos vías paralelas ayudaron a darle gran popularidad al .308 Win.. Por un lado, al ser adoptado por un gran número de naciones como Inglaterra, Bélgica, España, Argentina, e incluso los EE.UU. durante un tiempo (hasta su reemplazo por el .223 Rem.) rapidamente estuvo disponible en casi todos los países de occidente. Esto no ayudó en todos los casos, ya que en muchos países europeos está vedado para el uso deportivo de calibres militares. Por otro lado, el .308 Winchester encontró un nicho en el mundo deportivo que había sido poco explotado, el de los calibres para armas de sistema de mecanismos cortos. Estos aprovechan un sinnúmero de armas que, por su diseño, deben tener un mecanismo corto, como es el caso de las semiautomáticas y las armas a palanca que, hasta ese momento, debían conformarse con calibres menos potentes.

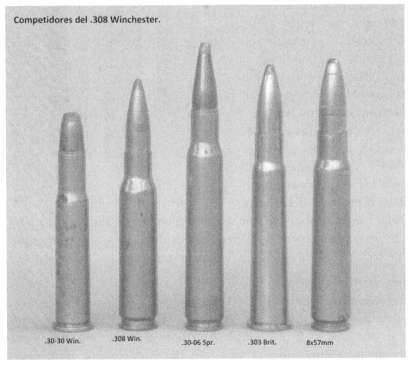

Competidores del .308 Winchester.

.30-30 Win.   .308 Win.   .30-06 Spr.   .303 Brit.   8x57mm

En ocasiones se discute si son dos calibres distintos o uno mismo. Considerando lo que hablamos más arriba, ambos son esencialmente lo mismo y son perfectamente intercambiables. Es decir, que en un rifle .308 Winchester se puede tirar munición militar 7,62x51mm NATO, así como puede usarse munición .308 Winchester en un fusil militar. Obviamente, debido a que cada uno tiene un uso diferente, los criterios en la fabricación de la munición no son exactamente los mismos. Por lo general, la munición deportiva tiene estándares de fabricación más estrictos y, usualmente, es más pareja, ajusta mejor a la recámara y tienen mejor precisión. Por otro lado, la munición militar tiene por objetivo asegurar el funcionamiento en armas semiautomáticas y automáticas sin fallas, aún bajo las peores circunstancias (suciedad, polvo, altas o bajas temperaturas, etc.). Es por esto que los estándares de fabricación son distintos poniendo hincapié en que sus medidas externas le permitan funcionar en cualquier recámara, aún sucia.

## Consideraciones balísticas

Como dijimos más arriba, la balística del .308 Winchester lo hace apto para todo tipo de caza mayor liviana, aunque, según algunos autores puede resultar un poco ajustado para la caza del ciervo colorado bajo algunas circunstancias. Sin embargo, viene siendo utilizado desde hace años sin mayores problemas.

El .308 Winchester posee una trayectoria suficientemente tendida como para tirar sin problemas a distancias normales de caza y un poco más. El retroceso es más que aceptable siendo un excelente calibre para damas y jóvenes.

Las opciones de tipo y peso de puntas es uno de los más amplios. Desde frágiles puntas livianas de 110 grains, para cazar alimañas, hasta puntas de 200 grains de alta performance. Sin embargo, los pesos más utilizados van desde los 150 a los 180 grains, siendo

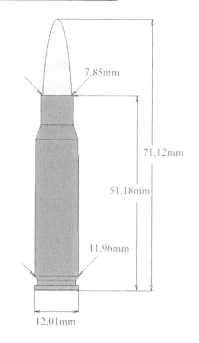

.308 Winchester.

7,85mm
71,12mm
51,18mm
11,96mm
12,01mm

las puntas de 165 grains el justo punto medio, aconsejado por muchos. La elección del peso y tipo es muy personal y tiene que ver con la balística que esperamos.

Para quienes disfrutan del .308 Winchester en el polígono, puede obtenerse munición militar y/o con puntas totalmente encamisadas a un precio usualmente menor que el de las puntas y munición de caza. Se puede tirar mucho más con menor costo.

Un detalle a tener en cuenta si recarga es considerar el tipo de vaina que utiliza ya que las vainas militares suelen tener paredes más gruesas que las comerciales y, por ende, al recalibrarlas al mismo tamaño exterior, su volumen interno es menor. Esto hace que una carga fuerte desarrollada para una vaina comercial, pueda producir presiones excesivas en vainas militares.

## Armas

Hacer un detallado análisis de las armas recamaradas para el .308 Winchester sería imposible, o por lo menos muy aburrido. En general el .308 es utilizado en armas para provechar su menor longitud, como en los rifles semiautomáticos militares, FAL y M14 o los deportivos Winchester 100 o Browning BAR.

El hecho que el .308 Winchester puede ser utilizado en fusiles con acciones más cortas, permite tener rifles más cortos sin tener que utilizar un caño de menor longitud, que perdería velocidad y potencia. Los cerrojos cortos son, también, más rápidos de accionar y tendrían, en teoría más rapidez de recarga, pero esto es más teórico que práctico.

En rifles a cerrojo, también permite reducir el tamaño y el peso de los fusiles de caza como en los casos del Winchester Feather-weight, o los Remington 600 y Modelo 7.

**.243 Winchester**
**Página 39**

# .30-06 Springfield

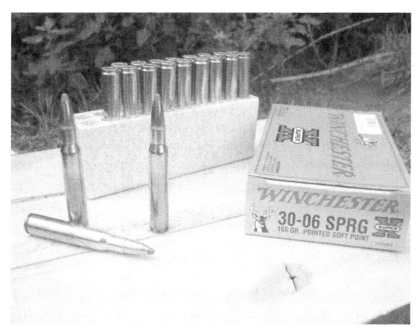

El .30-06 es sin duda uno de los calibres que ha alcanzado tanta popularidad a nivel mundial, que en general es el calibre que se toma como referencia para juzgar a los otros. Con sus más de 100 años de excelentes servicios, el .30-06 Springfield, es uno de los calibres de caza más equilibrados, capaz de matar casi toda la fauna de caza mayor, sin problemas.

## Historia

La dura experiencia Norteamericana en la Guerra de Cuba (contra España) en 1898, dejó una profunda marca en los EE.UU. Esta guerra encuentra a las fuerzas armadas de los EE.UU. provistas con armamento no del todo moderno como los fusiles Krag-Jorgensen modelo 1892 y los antiguos Springfield .45-70 de pólvora negra. Si bien el Krag era un arma excelente, su calibre y diseño eran aún en ese momento un poco anticuados, si lo comparamos con otros calibres militares de la época como el 7x57mm y el 7,65x53mm utilizados por España en dicha contienda. En perspectiva, por esos años, la mayoría de las naciones latinoamericanas estaban, con sus fusiles Mauser, mejor armadas que los EE.UU..

Siendo, el .30-40 Krag, uno de los primeros calibres militares modernos, desarrollados a fines del Siglo XIX, arrastraba aún parte de las características de los calibres de pólvora negra. Utilizaba vaina con reborde, proyectil redondeado y las velocidades desarrolladas eran bajas (2.100 pies/seg.). Por lo que sus prestaciones no estaban a la altura de los calibres de los fusiles Mauser, mucho más modernos en concepción.

La profunda impresión causada en los EE.UU. por esta experiencia cubana, difícilmente pueda ser comprendida hoy con claridad. Un buen ejemplo de esta profunda huella que dejaron los fusiles Mauser, luego de dicha contienda, puede leerse en el catálogo Winchester de 1902. En dicho catálogo, cuando se refiere al calibre 7mm Spanish Mauser aclara: "Adapted to Mauser rifle used in Cuba", es decir: "Adaptado para los rifles Mauser utilizados en Cuba". En atención a ello, resultó obvio que los EE.UU. necesitaban un rifle moderno para reemplazar a los Krag.

Este nuevo calibre debía ser capaz de disparar una proyectil calibre .30, de 220 grains de peso a, por lo menos, 2.300 pies/ seg. Pero, para lograrlo con la vaina del .30-40, había que elevar las presiones de trabajo por encima de las aconsejadas para el fusil Krag-Jorgensen. Por ello, además de un nuevo calibre debían desarrollar, también, un nuevo rifle mucho más fuerte, de características similares al Mauser. El famoso Arsenal de Springfield, en Massachusetts fue el encargado de dicho desarrollo.

Para el año 1900, estaban listos los primeros prototipos que disparaban un cartucho muy similar al .30-40, pero con mayores presiones de trabajo. Esas primeras pruebas mostraron las limitaciones de la vaina del Krag y la necesidad de desarrollar una nueva vaina. Finalmente, se decidió quitar el reborde y agrandar la vaina, cambiando al mismo tiempo su silueta. Se crea así el que sería denominado .30-01, un calibre de muy corta vida, pero esencial en el desarrollo del .30-06 Springfield. Luego de diversos ensayos, en 1903 se adopta este nuevo cartucho, que sería conocido como .30-03 (por el año de adopción) con prestaciones algo mejores que el .30-40 Krag, pero manteniendo la punta redondeada de 220 grains. Fue denominado oficialmente "Ball. Cal. .30, Model of 1903", estaba cargado para desarrollar 2.300 pies/seg. en la boca, desde un cañón de 24 pulgadas.

Es indudable que se tomó en cuenta al 8x57mm alemán cuando diseñó el .30-03, ya que este utilizaba una vaina casi idéntica, apenas 5mm más larga y con un volumen interno mayor. Junto con este cartucho se desarrolló un fusil de mecanismo del tipo de los Mauser, denominado Springfield 1903 diseño que se mantendría en servicio por años.

Finalmente, para 1906, este cartucho fue perfeccionado, manteniendo las líneas generales de la vaina del 03, pero acortándola unos 2mm. Otro cambio, y mejora fundamental, fue el reemplazo del proyectil redondeado de 220 grains por otro más liviano de 150 grains y de mejor diseño aerodinámico, spitzer. Los alemanes ya habían abandonado los proyectiles redondeados en favor de los spitzer con cola de bote, un par de años antes. A estos cambios se agregó un aumento en la velocidad inicial que se elevó a 2.700 pies/seg. en la boca. Finalmente el 15 de Octubre de 1906, el .30-06 fue adoptado con el nombre oficial de "Ball. Cal. .30, Model of 1906". Con esta arma y calibre, los EE.UU. participaron de la Primera Guerra Mundial y gran parte de la Segunda Guerra Mundial también.

Se hicieron muchos intentos para encontrar otro calibre que reemplazara al .30-06 Spr., todo sin éxito. Ya desde mucho antes se venían analizando alternativas utilizando otros proyectiles de menor diámetro como el caso del 6mm Navy y del .275 Pedersen, entre otros. A lo largo de todos esos años muchos otros calibres fueron probados, así como distintos rifles. Sin embargo, para la década de 1930 con el proceso de modernización del armamento personal, a instancias del General Douglas Mac Arthur, volvió a elegirse al .30-06 Springfield para el nuevo fusil semiautomático Garand M1. Con este fusil calibre .30-06, las fuerzas armadas de los EE.UU. lucharon gran parte de la Segunda Guerra Mundial.

Calibres militares de la época.

.30-06    7x57mm    8x57mm    7,65x54mm    .303 Brit.

El .30-06 Spr. mantuvo en servicio como calibre principal de los EE.UU. hasta 1952, cuando fue reemplazado brevemente por el 7,62x51 NATO/.308 Winchester, una versión acortada del mismo. Finalmente, a los pocos años, el 7,62 fue, a su vez, reemplazado por el 5,56x45mm (.223 Remington), calibre que aún es el oficial de los EE.UU.. A pesar de haber sido reemplazado en el servicio activo, el .30-06 Spr. siguió siendo utilizado por muchos años por los equipos de francotiradores norteamericanos, entre ellos el famoso Carlos Hancock hasta incluso en la Guerra de Vietnam.

## .30-06 Spr. deportivo

En los años en los que fue creado el .30-06 Spr., no había muchas alternativas. Los calibres deportivos modernos de la época, como el .30-30 Win., .32 Winchester Special o el .35 Remington no eran muy potentes. En cambio el .30-06 podía competir perfectamente, en el campo deportivo, con los otros calibres modernos europeos, como el 7x57mm Mauser, el 8x57mm y el 7,65mm Mauser. Así, Winchester recamaró varios rifles para estos nuevos calibres como su Modelo 1895, a palanca, se ofrecía en .30-03 en el año 1904 y, luego, en .30-06 Spr., convirtiéndose así en el primer fusil deportivo recamarado para el .30-06 Spr., en el año 1908.

En 1909, el famoso escritor, explorador y cazador Theodore Roosevelt, quien fuera también dos veces presidente de los EE.UU., realizó el que sería mayor safari Africano de la historia, tanto en magnitud y duración. A lo largo de casi un año, cazó en África con varias armas, entre ellas utilizó el .30-06 con bastante éxito en todo tipo de presas, incluso lo usó para rematar un elefante. Roosevelt utilizó munición .30-06 militar, con proyectil encamisado spitzer de 150 grains, para cazar muchos de los animales que luego serían expuestos en el Museo Smithsoniano y el Museo de Historia Natural de Nueva York. En uno de esos giros extraños de la historia, el mismo Roosevelt había participado de la más sangrienta batalla de la Guerra de Cuba armado con un fusil Krag. Es decir que tenía bien claras las ventajas de los calibres modernos y la importancia de la adopción del .30-06.

La Primera Guerra Mundial tuvo un fuerte efecto en el desarrollo deportivo de este calibre, así como en el afianzamiento del fusil a cerrojo como arma deportiva. Luego de dicha contienda, el .30-06 Springfield se convirtió en calibre excluyente en los EE.UU.. Cuando Remington y Winchester lanzan sus primeros fusiles deportivos a cerrojo en 1921 y 1925 respectivamente, los ofrecen en .30-06 Springfield, entre otros calibres. Incluso algunos modelos como el Remington 30A estuvo recamarado exclusivamente para el .30-06 casi hasta la Segunda Guerra Mundial.

REMINGTON Model No. 30—BOLT ACTION EXPRESS RIFLES
No. 30A—Standard Grade

This rifle is exceedingly popular with sportsmen everywhere because of its accuracy, superb balance, simplicity of design, and sturdy construction. It is the choice of those who prefer the bolt action type of rifle.

Made in .30-06 Springfield Caliber only; Center Fire and Rimless

SPECIFICATIONS: No. 30A "Standard" Grade. 22-inch barrel; American walnut stock, half pistol grip and fore-end finely checkered. Rifle style steel butt plate grooved to prevent slipping. Rifle cocks on opening movement of bolt. Top of receiver matted. Short, snappy, light, single trigger pull. Thumb operated safety. Step adjustable rear sight with gold bead front sight. Receiver drilled and tapped for Lyman No. 48R micrometer windgauge sight. Magazine holds five cartridges. Length over-all, 42⅝ inches. Weight, about 7¼ pounds.

No. 30A "Standard" Grade ............    No. 30R "Carbine," 20-inch barrel
(not checkered)

No. 30S—"Special" Grade

The Model No. 30S "Special" Grade represents the utmost in value and quality at a moderate price. Unsurpassed accuracy is combined with the finest obtainable balance and handling qualities. The special stock with high comb and full fore-end is particularly well adapted for use with receiver sight or telescope. Remington floating barrel made of ordnance steel.

Made in .30-06 Springfield, and .257 Remington-Roberts Calibers; Center Fire and Rimless

SPECIFICATIONS: No. 30S "Special" Grade. 24-inch barrel. American walnut stock, handsomely checkered. Full pistol grip with rubber cap. Shotgun style steel butt plate. Lyman No. 48 windgauge receiver sight; gold bead front sight mounted on a matted ramp with removable guard; double trigger pull of the military type (option of single pull); wide screw eyes for quick release swivels (option of regular screw eyes). Rifle cocks on opening movement of bolt. Top of receiver matted. Thumb operated safety. Magazine holds five cartridges. Weight, about 8 pounds.

No. 30SL "Special" Grade with Lyman
No. 48 receiver sight ............    ⅞" Sling Strap (leather, Whelen type)
with hooks, extra ............

Por todo ello, el .30-06 Springfield comenzó a hacerse cada vez más popular.

Entre los usuarios famosos del calibre, en los años 1920, el cazador africano Steward E. White lo utilizó para cazar más de cincuenta leones en Kenya y Tanganica. White no fue el único en usar un .30-06, para cazar presas consideradas más allá de sus posibilidades teóricas del calibre. Hubo cazadores que lo utilizaron para realizar control de elefantes. Para ello utilizaban munición cargada con punta totalmente encamisada de 220 grains.

El renombre del .30-06 Spr. no hizo más que crecer con los años, gracias sus virtudes (y a la creciente importancia de los EE.UU. en el mercado mundial), convirtiéndose hoy en un calibre de referencia. La casi totalidad de los fabricantes de armas produce por lo menos algún arma en este calibre, incluso en los países más exóticos como Rusia, Suecia, Sud África, etc.. Así mismo muy pocos fabricantes comerciales de munición no ofrecen algún tipo de munición de este calibre.

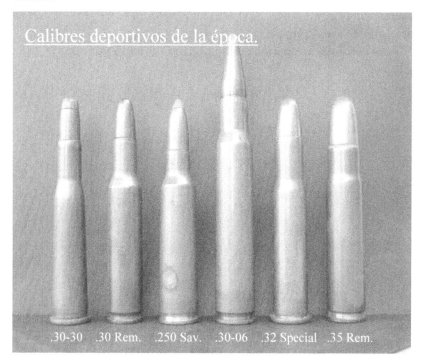

Calibres deportivos de la época.

.30-30   .30 Rem.   .250 Sav.   .30-06   .32 Special   .35 Rem.

La aparición de los calibres Magnum a partir de los 50, eclipsó de alguna manera su fama, pero aún hoy sigue siendo uno de los calibres de fuego central más vendido.

## Influencias

El .30-06 tuvo gran importancia en el desarrollo de armas y de otros calibres. Así la mayoría de los fabricantes ajustan sus diseños, largo de cargador, etc., a las características del .30-06 Spr..

En forma colateral también sirvió de base para el desarrollo de varios calibres que lograron gran fama. Así podemos decir que el .30-06 Spr. posee cuatro hijos oficiales que han logrado gran renombre. Estos son, en orden de calibre, el .25-06 Remington., el .270 Winchester, el .280 Remington y el .35 Whelen. En general, utilizan la misma vaina del .30-06, adaptándola a otros diámetros de proyectil. La mayoría de estos calibres fueron diseñados originalmente por armeros cazadores y tiradores, buscando prestaciones especiales que no encontraban en los calibres disponibles en el mercado. Esto es lo que en los EE.UU. se llama "wildcat", es decir, un calibre que no es producido por ningún gran fabricante.

La familia del .30-06 Spr.

.25-06  .270 Win.  .280 Rem.  .30-06  .35 Whelen

El .25-06, por ejemplo, fue originalmente un wildcat desarrollado en 1920 por A.O. Niedner y fue oficializado por Remington recién en 1969. El .270 Winchester, como vimos hace unos capítulos, fue desarrollado en 1916, aunque fue lanzado al mercado recién en 1925 junto con su Modelo 54. Los otros dos fueron oficializados más tardíamente aún, Remington introdujo en el mercado su .280 Remington en el año 1957 y oficializó el .35 Whelen recién en el año 1988, a pesar de que existía como wildcat desde la década de 1920.

## Consideraciones balísticas

Es muy difícil hacer comentarios originales acerca de un calibre tan ampliamente conocido como el .30-06 Springfield. Baste decir que es considerado como uno de los calibres mejor adaptados para caza mayor general a nivel mundial y esto mismo hace que sea difícil compararlo con otros de similares características.

Es probablemente uno de los calibres más equilibrados en lo referente al triángulo, potencia-precisión-retroceso. En lo referido a potencia o energía, su munición se comporta perfectamente en la mayoría de los casos. Algunos consideran que, como calibre deportivo, puede quedar un poco corto para los animales de mayor peso como el ciervo colorado y los grandes antílopes africanos. Sin embargo, utilizando puntas pesadas (de 180 grains o más), proyectiles modernos de los denominados Premium y en condiciones ideales, puede matar cualquier animal que camine por la tierra sin problemas. Vale aclarar que su uso en fauna pesada africana no es ni aconsejable ni seguro. Su precisión es excelente, siendo durante muchos años uno de los calibres de tiro más usados hasta el advenimiento del .308Win/7,62x51mm.

Su retroceso es considerado como aceptable y manejable por el cazador medio. De poca utilidad es

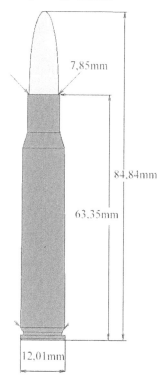

.30-06 Springfield.

7,85mm

84,84mm

63,35mm

12,01mm

tener un calibre potente y preciso, si no soportamos su retroceso para lograr suficiente práctica con él.

La trayectoria del .30-06 Spr. es suficientemente tendida para no limitar su uso en caza mayor. Con munición Winchester de 180 grains y la mira calibrada a 150 metros, todos los impactos hasta los 160-180 metros deberían caer dentro de un círculo de 20 cm. Esta distancia se alarga un poco con el uso de puntas de 165 o 150 grains, con buen resultado para la caza de antílopes y ciervos dama, por ejemplo.

Una de las notables ventajas de este calibre es la enorme variedad de munición con las más variadas prestaciones que ofrece el mercado. Por lo común, el peso de punta disponible en munición comercial va de los 125 grains hasta los 220 grains, para la caza de los animales más pesados.

En resumen, el .30-06 Springfield es uno de los calibres no-Magnum más dúctil y adaptable, disponibles en el mercado.

## .375 Holland & Holland Magnum
## Página 147

# .300 Winchester Magnum

El .300 Winchester Magnum es otro calibre que ha sabido mantener vigencia durante años. A pesar de su más de medio siglo de vida, sigue siendo uno de los calibres preferidos por los cazadores en todo el mundo. Es notable que aunque hay gran cantidad de calibres magnum .300 en el mercado, cuando se habla de un ".300 magnum", queda claro que se refiere al .300 Winchester Magnum. Solo si se trata de alguno de los otros .300 Magnum es necesario aclarar que es un.300 Weatherby o un .300 Holland & Holland Magnum, etc.

## Historia

Los calibres .30 y .300 fueron sin duda un símbolo de los calibres modernos y del pasaje del Siglo XIX al Siglo XX. Como venimos diciendo, nacieron en EE.UU. a fines del Siglo XIX con la adopción del .30-40 Krag por parte de las fuerzas armadas de ese país y se fortaleció con la aparición de otros calibres deportivos y militares como .30-30 Winchester y, finalmente, el ya clásico .30-06 Springfield en 1906. Desde que Winchester lo popularizó con el .30-30 en 1895, las armas con caños de 7,82mm (0,308 pulg.) de diámetro en fondo de estrías fueron aumentando su potencia acompañando los adelantos tecnológicos, sobre todo en el campo de las pólvoras sin humo.

Sin embargo, fue la firma londinense Holland & Holland, allá por 1925, la que introdujo el primer calibre .308 pulgadas que daba un salto importante de velocidad y potencia. Este calibre se ofrecía originalmente en dos versiones, con y sin reborde. La primera, para usar en rifles dobles y monotiro, se llamó .30 Super. La otra para fusiles a cerrojo, usaba una vaina que no tenía reborde, pero que en su base poseía un refuerzo similar a un cinturón. A esta se la denominó "belted", algo así como "cinturado" o "con cinturón". El uso de esta vaina cinturada en el .300 Holland & Holland Magnum hizo que las vainas con "belt" se convirtieran en sinónimo de los calibres Magnum para rifle durante muchos años. Estas vainas belted ya habían sido utilizadas en su casi desconocido .375 Belted Nitro Express de 1905 y, alargando la vaina en 1912, también en su más famoso .375 Belted Rimless Mag. hoy conocido como .375 Holland & Holland Magnum.

El de Holland & Holland era el .300 comercial más potente de la época, superando a sus competidores, como el .30-30 Win., .30-40 Krag y .30-06 Spr. en los EE.UU.; así como al .303 British y el .318 W. Richards en el Imperio Británico y sus colonias. Al parecer, su desempeño era suficiente para los cazadores de la época ya que no fue hasta la década de 1940 que aparece otro .300 Magnum.

En 1944, un armero norteamericano llamado Roy Weatherby comienza a producir rifles Custom, es decir "a pedido", para un nuevo calibre, el .300 Weatherby Magnum. La idea era tan simple como genial, tomar al .300 H & H Mag. e inflar su vaina al máximo, obteniendo así un aumento de la capacidad interna y con ello poder introducir más pólvora, aumentando así su potencia. De hecho las primeras cargas eran tan potentes, adaptadas a los rifles fabricados por Weatherby en su pequeño taller, que tuvieron que ser reducidas a niveles menos peligrosos al poco tiempo. Esto permitió un salto considerable en potencia ya que el .300 H & H Magnum era apenas

# Los .300 Magnum.

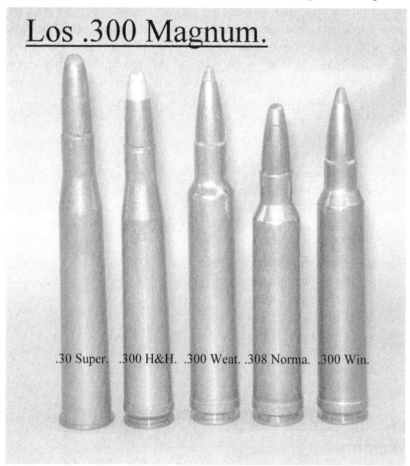

.30 Super.  .300 H&H.  .300 Weat.  .308 Norma.  .300 Win.

más potente que el .30-06, mientras que el .300 Weatherby llegaba a los 3.000 pies/seg. Si bien el .300 Weatherby Magnum nació como un wildcat utilizado en rifles Custom, su popularidad llevó a que comenzara a utilizarse en rifles de serie que el mismo Weatherby producía (1967) y por otros fabricantes.

Pero ambos calibres Magnum, el de Holland & Holland y el de Weatherby tenían un punto en contra para el mercado. Eran demasiado largos y no se adaptaba a los fusiles comerciales estándar. El problema era que la mayoría de los fusiles de los grandes fabricantes de armas estaban adaptados a calibres que, aunque largos, eran más cortos, como el .30-06 Springfield o el 8x57mm. Entonces, para utilizar estos calibres Magnum, los fabricantes debían rediseñar y fabricar así rifles con mecanismos y cargadores más largos, lo que resultaba más costoso. Considerando este problema, algunos fabricantes empezaron a buscar una solución. El primero en intentarlo fue la firma sueca Norma Projectilfabric, que desarrolló en 1960 el .308 Norma Magnum, calibre con un largo total que se adapta perfectamente a los cargadores Mauser y de los fusiles americanos (tipo .30-06, .270 Win., etc.). Sin embargo, este calibre nunca logró gran popularidad.

Los Magnum de Winchester.

.338 .264 .300

## El .300 Winchester Magnum

Para esa época, Winchester ya había desarrollado un trío de calibres Magnum con vaina "belted" corta, de manera que "entrara" en las acciones tipo .30-06. Así, en 1956 había lanzado su primer Magnum, el .458 Winchester Magnum con la idea de reemplazar a los caros calibres Express utilizados en África para caza mayor pesada, como los de Holland & Holland, Rigby y Jeffery, entre otros. De hecho, el rifle recamarado para el nuevo .458 Winchester Magnum, se llamó Modelo African. Dos años después, Winchester desarrolla y lanza otro calibre que se convertiría en otro gran clásico, el .338 Winchester Magnum. El .338 utilizaba la vaina que ya habían desarrollado para el .458, pero reduciendo su cuello para recibir puntas de 0,338 pulgadas. Este calibre se promocionaba como ideal para la caza en Alaska. Ese mismo año (1958), Winchester completa el trío de calibres Magnum con el .264 Winchester Magnum, un calibre ideal para la caza en espacios abiertos, donde los tiros son muy largos.

Sin embargo, el calibre .30 ya estaba establecido en el mercado norteamericano y, como consecuencia, muchos armeros empezaron a desarrollar Wildcats utilizando las nuevas vainas de Winchester. El más popular de ellos fue el .30-338 Winchester Magnum, que no era otra cosa que la vaina del .338 con el cuello reducido para aceptar puntas de 0,308 pulgadas.

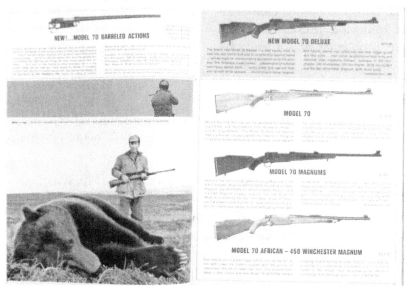

Es entonces cuando, en 1963, Winchester lanza al mercado el calibre que nos ocupa, el .300 Winchester Magnum. Para ello, utiliza también la vaina del .338 Winchester Magnum pero, a diferencia de los Wildcatters, la deja un poco más larga. Así el cuello es alrededor de 3mm más largo que el del .338 y, además, se desplazó el hombro

4mm hacia adelante, con el objetivo de evitar que la munición del .300 Winchester Mag. pudiera ser utilizada, por equivocación, en rifles .338 Winchester Magnum.

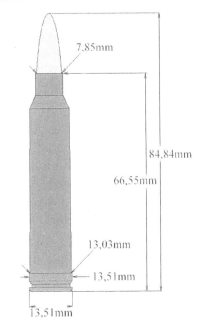

.300 Winchester Magnum.

Los primeros rifles salieron de fábrica en la primera mitad del año 1963, pero rapidamente fueron recuperados por Winchester con el objeto de realizar pruebas más exhaustivas. Finalmente, para el verano (del hemisferio norte) los prototipos estuvieron listos. La primera munición presentaba algunos problemas de sobreexpansión, ya que las puntas eran demasiado blandas y no se adaptaban a las mayores velocidades desarrolladas por el .300 Winchester Magnum respecto de los otros calibres .300/.308. Problema que fue rapidamente corregido rediseñando las puntas.

Hay un detalle muy curioso del lanzamiento del .300 Winchester Magnum. Leyendo revistas y catálogos de la época, pareciera que Winchester no tenía mucho entusiasmo en promocionar este nuevo calibre, una actitud muy diferente a lo que hizo con los otros tres Magnum que lo precedieron. Los catálogos no hacen ninguna mención al calibre más allá de incluirlo en los listados de calibres disponibles en los respectivos modelos.

## Nuevos competidores

Todo estuvo tranquilo por muchos años y el .300 Winchester Magnum, gracias a su excelente balística y a su practicidad, se convirtió en el rey de los calibres Magnum. Esto fue hasta que el aumento del área sembrada de soja en los EE.UU. creo la necesidad de calibres de mayor alcance efectivo. Los cazadores de ciervos encontraron que los tiros en los campos de siembra comenzaban a presentarse a distancias cada vez mayores. Entonces necesitaban armas con mayor alcance y trayectorias más tendidas. Reaparecen así algunos viejos calibres wildcat como el .30-378 Weatherby Magnum, desarrollado originalmente por Elmer Keith y algunos de sus amigos. Este utilizaba la enorme vaina del .378 Weatherby, pero con el cuello reducido para aceptar puntas de .308 pulgadas. También aparece una serie de armeros ofreciendo opciones para el cazador-francotirador (denominación que se les daba en esa época) que competirían y opacarían en parte la fama del .300 Winchester Magnum.

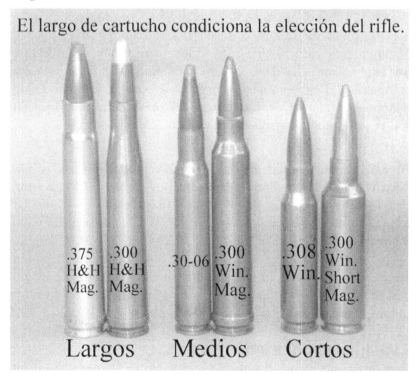

El largo de cartucho condiciona la elección del rifle.

.375 H&H Mag. | .300 H&H Mag. | .30-06 | .300 Win. Mag. | .308 Win. | .300 Win. Short Mag.

**Largos   Medios   Cortos**

Lazeroni, Jarret y Dakota desarrollan familias de calibres apartándose de la clásica vaina Magnum con belt. Eligen vainas de mayor diámetro como las del .404 Jeffery (Dakota) u otras especialmente fabricadas a ese efecto. Estos calibres eran utilizados en rifles especiales de alta precisión que se conocieron popularmente como "bean field rifles", es decir rifles para campos de porotos o soja. Remington, a su vez, lanza también su versión de .300 de alta velocidad el .300 R.U.M. (Remington Ultra Magnum). Sin embargo, aunque desplazaron al .300 Winchester Magnum de la tapa de las revistas especializadas por años, nunca hicieron mella en el nivel de ventas del calibre que se mantiene entre los primeros puestos en ventas de rifles, munición y elementos de recarga.

Sobre fines del Siglo XX aparecen nuevos competidores del .300 Winchester Magnum. Esta vez, se buscaba lograr las prestaciones del .300 Winchester Magnum, pero en acciones y rifles más cortas. Winchester mismo lanza el .300 Winchester Short Magnum, con la idea de tener un calibre con las prestaciones de su viejo .300 Magnum, pero para disparar desde rifles con acciones cortas del tipo utilizado para el .308 Winchester. Finalmente, su clásica competidora, Remington, lanza una versión corta de su .300 R.U.M., denominada .300 RSAUM, Remington Short Action Ultra Mag. con prestaciones apenas inferiores al .300 W.S.M. y al ya clásico .300 Win. Mag.

A pesar de haber sido desarrollado como calibre deportivo, el .300 Winchester Magnum desplazó en muchos casos al 7,62x51mm/ .308 Winchester como calibre elegido por los tiradores de elite en todo el mundo. Los francotiradores de los EE.UU. lo han adoptado masivamente y muchos de los clásicos fusiles M24, calibre 7,62x51mm, fueron recamarados para el .300 Winchester Magnum. Para estos rifles se utiliza una munición especial conocida como MK248 que es fabricada por la firma norteamericana Federal y utiliza puntas Sierra de 190 y 220 grains cola de bote.

## Consideraciones balísticas

Con una performance mejor que el .300 H&H Magnum y con un cartucho más corto, que puede utilizarse en las acciones normales, el .300 Winchester Magnum ofrece un salto importante en las prestaciones de los calibres de caza mayor. Sobre todo en su trayectoria, que permite alargar notablemente el alcance efectivo, con un aumento no tan significativo en el retroceso. Este detalle resulta de gran importancia ya que su retroceso es uno de los más manejables dentro del amplio espectro de los calibres Magnum de caza mayor.

Por supuesto que el .300 Winchester Magnum no tiene la trayectoria del .30-378 ni la del .300 Remington Ultra Magnum., pero estos últimos calibres logran sus prestaciones a costa de quemar mucha más pólvora y generan un retroceso considerablemente mayor. Además se disparan desde rifles más pesados.

## Rifles

Gracias a su popularidad, son muy pocos los fabricantes que no ofrecen varios modelos recamarados para el .300 Winchester Magnum. Desde el clásico Winchester 70 y el Remington 700, su tradicional competidor, pasando por otros fabricantes, hasta los más clásicos europeos como Holland & Holland y CZ. Incluso Weatherby, además de su .300, ofrece para su modelo Vanguard recamarado para el .300 de su competidor Winchester. También los fabricantes europeos como Sako y Blaser ofrecen fusiles en este calibre.

## Conclusiones

Este es uno de los mejores calibres para caza mayor y aunque un poco grande para algunos animales, puede decirse que es un calibre para todo terreno.

**El Nombre de los Calibres**
**Página 185**

# .303 British

Con más de 70 años de servicio en el campo militar, dos guerras mundiales y más de 120 años de vida, el .303 British es todo un símbolo de la practicidad británica. Este calibre, a pesar de su edad, aún mantiene vigencia en el campo deportivo. Desarrollado cuando la mayoría de las naciones todavía utilizaban los viejos fusiles de grueso calibre y pólvora negra, constituyó un salto tecnológico considerable. Pero, paradójicamente, durante los primeros años del Siglo XX, cuando otras naciones buscaban nuevas armas y calibres más modernos, las fuerzas armadas del Reino Unido lo mantuvieron en servicio hasta la década de 1950. El .303 British es uno de esos calibres que no tienen la fama que merecen en el mundo deportivo.

## Historia

Este cartucho, como algunos otros de los primeros calibres militares de pólvora sin humos, tuvo un nacimiento precipitado. La aparición de otro cartucho hoy casi desconocido, el 8mm Lebel francés, descolocó a todas las grandes potencias del momento, que todavía usaban viejos calibres de pólvora negra.

A fines de 1884, el General Boulanger, Ministro de la Guerra francés, informado de los avances logrados en armamento, resultado de los trabajos que se venían realizando desde 1880, ordena el desarrollo de un fusil moderno para las fuerzas armadas francesas. En dichos estudios se había estado trabajando sobre la reducción del calibre de las armas portátiles y se había puesto a punto una nueva pólvora sin humo. En solo cinco meses, el arma y su munición fueron diseñados, construidos y probados con éxito. Se introduce así, en 1888, el Lebel 8mm francés y esto produjo un cimbronazo en todas las naciones europeas. El hecho que Francia tuviera un fusil militar a repetición, calibre 8mm, capaz de disparar proyectiles encamisados con una carga de pólvora sin humo, provocaba un peligroso desbalance de poder en Europa. Así, las Grandes Potencias se lanzan a una carrera armamentista sin precedentes. La meta era reemplazar los ya obsoletos fusiles de grueso calibre y pólvora negra por otros más modernos.

**Westley Richards Sporting Lee-Metford Rifles.**
Specially adapted to Deer-stalking and to hunting in Africa.

Also supplied for the 8 m/m .315 Cartridge.

**£25  0  0**

Best quality and finish, detachable barrel, top safety slide and cheek piece, engraved as illustrated above, sighted standard and four folding leaves to 500 yards, or stand-up, two-fold, and tangent to 1000 yards, or to order; combination bead and night fore-sight with registered protector, &c., weight about 7 lbs. ... £25 0 0

Ditto, plain quality, half-stocked, sighted two-fold and tangent to 1000 yards, or to order, bead foresight, slip-on foresight protector ... 10 10 0

The above may be had with flat top rib engine-turned, 21/- extra. This adds about ¼ lb. to the weight.

Improved Telescopic Sights, carefully adjusted ... extra, £12 12 0 see pages 134 to 137.

Tanned Canvas Case, or Willesden Canvas, from £1 15 0. Solid Leather Case, £2 5 0.

New Model Service Cartridge, solid pointed bullet, Mark VII.          .303 British.

| | Length of case, inches. | Powder, grains. | Bullet, grains. | Price, per 100. |
|---|---|---|---|---|
| CORDITE | — | 30 | 215 | 16/9 Solid bullets. Pointed or Round Nose. |
| AXITE | — | — | 215 | 21/- Round Nose Capped Expanding. |
| | | | | 20/- Soft Nosed H.P. |

**Westley Richards Patent Capped Expanding Bullet is the best extant for sporting purposes and ensures the greatest possible shock.**

94

En esos años, el Reino Unido se encontraba todavía armado con los robustos fusiles Martini-Henry calibre .450 de pólvora negra, adoptados a principios de la década anterior. Éste rifle monotiro, con sistema de bloque basculante, tuvo un desempeño más que satisfactoria bajo los criterios de guerra del Siglo XIX, pero todo estaba cambiando. Se iniciaron las pruebas y el Reino Unido optó por un sistema de armas diseñado por James Paris Lee, un escocés que años después se nacionalizó norteamericano. Lee ya había diseñado otros rifles con el mismo sistema de mecanismos. Estos fueron fabricados por Remington y probados por la Marina de los EE.UU. en calibre .45-70 Government. Posteriormente, también trató de interesar con su diseño al Ejército Norteamericano y a las fuerzas armadas de Dinamarca, sin mayor éxito.

En 1887, el Reino Unido ordena 300 rifles Lee para realizar algunas pruebas. Estos fusiles estaban recamarados para otro viejo calibre militar de Remington, .43 Español. Finalmente, en 1888, el gobierno británico lo adopta como arma reglamentaria pero en un calibre más moderno y de menor diámetro, el que luego sería conocido como .303 British. El diseño original de este nuevo cartucho pertenecía al Mayor Eduard Rubin, Superintendente del Laboratorios de Armas del Gobierno Suizo en Thun, Suiza. Rubin es el mismo que sería luego famoso por desarrollar junto con Schmidt el extraño rifle reglamentario Suizo con sistema de cerrojo rectilíneo. Este cartucho, en su versión original era muy extraño ya que no tenía cuello, sino una especie de buje para sujetar el proyectil. Finalmente, esto se descartó y se decidió utilizar el clásico cuello y hombro para fijar el proyectil. Aunque en un primer momento se probaron dos versiones del cartucho de Rubin, con y sin reborde, finalmente se decidió adoptar la primera.

El .303 British fue adoptado oficialmente en 1889. La primera munición adoptada utilizaba una punta redondeada (round nose) de 215 grains con cubierta de cupronikel y una carga de pólvora negra de 71,5 grains. Esta carga estaba formada por un cilindro hueco de pólvora compactada. Esta munición fue desarrollada a las apuradas, sin tiempo para probar las nuevas pólvoras sin humo. Su desempeño fue deficiente ya que la carga de pólvora negra producía una elevada presión y muy baja velocidad en la boca (1.830 pies/seg.).

Para 1891, el .303 British comienza a ser cargado cordita (pólvora sin humo), conservando el mismo proyectil. Con este nuevo propelente, su desempeño mejoró y la velocidad en la boca se elevó a 1.970 pies/seg. mientras que la presión bajó a 17,5 toneladas. La cordita era una pólvora sin humo de las llamadas de doble base, compuesta por 58% Nitroglicerina, 37% Nitrocelulosa y 5% gelatinizante. A esta masa se le daba forma de "fideos" del largo de la vaina. El proceso de carga de esta pólvora en munición abotellada era muy curioso ya que el hombro se formaba con el cartucho casi terminando. El proceso de fabricación llevaba varios pasos. A la vaina cilíndrica se le colocaba el fulminante, luego la carga de cordita y sobre esta una tapa de cartón. Recién entonces se formaba el hombro. Como comentamos la cordita lleva su nombre por tener el aspecto de hilos o cuerdas. Estos hilos entran en la máquina que fabrica los cartuchos como una larga cuerda y la carga es cortada por una cuchilla, para luego caer dentro de la vaina.

Con posterioridad se reemplazó la cordita por una carga de nitrocelulosa, manteniéndose la cordita para ser utilizada en zonas tropicales, por considerarla más estable antes las altas temperaturas, que las otras pólvoras disponibles en esa época.

Proceso de carga de la cordita.

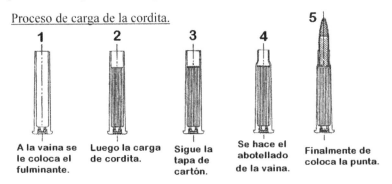

| 1 | 2 | 3 | 4 | 5 |
|---|---|---|---|---|
| A la vaina se le coloca el fulminante. | Luego la carga de cordita. | Sigue la tapa de cartón. | Se hace el abotellado de la vaina. | Finalmente de coloca la punta. |

La munición del .303 tenía mayor alcance que la vieja munición de plomo del .450 Martini-Henry, pero carecía de su efectividad en el campo de batalla. Por eso, allá por 1897, en el Arsenal de DumDum, en India, se desarrollaron unas versiones con punta hueca y punta blanda expansiva. Esta era la famosa y mitológica munición Dumdum. Sin embargo, la munición Dumdum violaba la Declaración de San Petersburgo y la Convención de la Haya de 1899, por lo que en 1903 tuvo que ser retirada del servicio activo. Sin embargo, no fue descartada. Mucha de la munición Dumdum siguió siendo utilizada para otras finalidades como el uso policial y en las luchas coloniales, como la Guerra de los Boers.

En 1910, como muchas otras de las potencias mundiales, se adopta un proyectil spitzer de 174 grains, más moderno y de mejor trayectoria, con lo que la velocidad a la boca se eleva a 2.440 pies/seg. Esta munición siguió en servicio hasta que, en 1954, el Reino unido adopta el 7,62x51mm NATO junto con el L1A1 (versión inglesa del F.A.L.).

Este reemplazo fue progresivo ya que el .303 British siguió en servicio en destacamentos de menor importancia. Este destino que podría parecer triste le dio la posibilidad de entrar en combate nuevamente ya que enfrentó a las tropas argentinas en Las Islas Malvinas, el 2 de Abril de 1982.

## Calibre deportivo

El .303 British tuvo un amplio uso en todo el imperio británico. A fines del Siglo XIX la gran mayoría de los cazadores comenzaron a reemplazar sus rifles de pólvora negra por los más modernos rifles de repetición a cerrojo, atraídos por las grandes ventajas que tenían. Los nuevos rifles tenían mayor volumen de fuego gracias a su cargador donde podían almacenar entre 5 y 10 cartuchos, además eran más livianos, tenían un menor retroceso y eran mucho más baratos que los rifles dobles de pólvora negra, utilizados en esos años.

Muchos cazadores utilizaban directamente los fusiles militares, tal cual se ponían en servicio, pero otros preferían versiones deportivas de los mismos como ofrecían la mayoría de los fabricantes ingleses. Por esos años no había gran variedad de munición y la más común era la munición militar totalmente encamisada. Del uso militar se pasó al uso deportivo sin transición, sin embargo no todos los calibres se desempeñaban con la misma eficiencia.

Tres calibres militares lograron gran fama en el difícil territorio africanos, el 6,5mm Mannlicher, el 7x57mm Mauser y el .303 British que nos ocupa. Lo que estos calibres tenían en común, y de allí su ventaja, era el uso de puntas pesadas y largas para el calibre, con una gran densidad seccional, disparadas a velocidades medias de alrededor de los 2.000 o 2.200 pies/seg.. Esta combinación hacía que tuvieran un penetración recta en la presa y, gracias a ello, lograron gran aceptación en África aún para la caza de animales tan pesados como el elefante.

Muchos cazadores famosos utilizaron el .303 British con gran éxito. Frederick C. Selous, uno de los primeros exploradores y cazadores de elefantes en lograr renombre, fue también uno de los primeros en utilizarlo allá por 1893. Arthur Neumann, otro cazador, usó un Lee-Metford allá por 1894. Ese mismo año el mayor Frederick R. Burnham utilizó un Lee-Metford deportivo para cazar y combatir en Rhodesia. El caso del coronel Eward S. Grogan, es un buen ejemplo la popularidad del .303. Grogan se hizo famoso cuando realizó su increíble expedición que lo llevó a pie, desde la Ciudad del Cabo hasta El Cairo, recorriendo África, literalmente, de punta a punta. Para aquella expedición, llevó tres rifles, un pesado rifle calibre 4 en libra (que dispara proyectiles de unos 25mm de diámetro) y dos rifles en calibre .303 British, un Enfield y un rifle doble del mismo calibre. Luego de su primer encuentro con un elefante, se convenció que el .303 le resultaba más efectivo, que el rifle calibre 4, a pesar de su menor potencia. Decidió así utilizar exclusivamente el .303 durante el resto del viaje. El famoso Karamojo Bell, cazó más de mil elefantes, casi todos utilizando rifles de los tres calibres nombrados más arriba. De ellos, unos 200 fueron muertos con rifles .303 y munición militar redondeada de 215 grains.

En Canadá y Australia, donde siguen usándolo asiduamente para todo tipo de caza pesada.

## Balística

El .303 British es un calibre que, sin ostentación, cumple perfectamente con lo que se espera de cualquier calibre de caza mayor. Durante más de 120 años ha brin-dado sus servicios con discreción y eficiencia. No posee una alta velocidad inicial, pero su balística es apenas inferior a la de muchos calibres famosos como el .308 Winchester o el .30-06 Spr.

Un detalle importante del calibre es que utiliza un diámetro de proyectil que, aunque similar al de los calibres .30, que, no es intercambiable. Así como los calibres .30, utilizan proyectiles de 0,308 pulgadas, el .303 utiliza puntas de 0,311 pulgadas. Esto puede convertirse en un problema logístico, pero además limita mucho la disponibilidad de pesos de puntas.

## Los rifles

El primer rifle militar de este calibre, el Lee-Metford, poseía un caño con estriado diseñado por William Ellis Metford, que tenía estrías anchas y poco profundas. El rifle era muy preciso con la munición original de pólvora negra y prestó servicio por varios años. Sin embargo, al ser adoptadas las nuevas pólvoras nitradas (sin humo), como la cordita y la axita, se encontró que estas producían excesiva erosión en el estriado y reducían considerablemente su vida útil. Según estudios de la época, con pólvora negra se podía realizar unos 10.000 disparos, antes de que el caño comenzara a perder precisión. Con cordita esta vida útil se veía

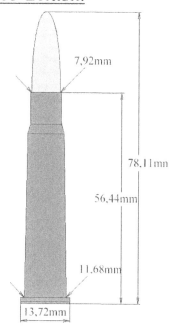

reducida a apenas 4.000 disparos. El alto contenido de nitroglicerina de la cordita y la consecuente elevación de la temperatura de combustión provocaban este aumento de la erosión, sobre todo en la primera parte del estriado. Es así que el 11 de Noviembre de 1895 se adopta el Lee-Enfield Mark I, que se diferenciaba de su predecesor por poseer caño de diseño Enfield adaptado a las nuevas pólvoras. La variedad de rifles recamarados para el .303 British no es muy amplia. Además de los fusiles nombrados, Lee-Enfield y Lee-Metford, tanto en versión militar como deportiva existen algunos monotiro y dobles generalmente mucho más costosos.

178 NEW BOND St. LONDON.

Westley Richards DOUBLE DEER-STALKING RIFLES, ·303 bore.

For ordinary or latest
pattern Service Cartridge.
With special rifling.
One or Two-Trigger.

*Extreme accuracy with very flat trajectory. Absence of smoke and recoil. Great handiness*

One Trigger,
Two Pulls.
Not Three.

Best quality ... 80 Guineas.

Weight about 9 to 9¼ lbs. Specially regulated for their new Sporting ·303 Cartridge, and hollow expanding or solid bullet, 215 grains; also Westley Richards patent solid capped expanding bullet.

| | NET CASH. |
|---|---|
| Best quality Ejector, one or two triggers, with detachable locks, in leather-covered oak case with complete fittings | 80 Guineas |
| Ditto, plain quality, in solid leather case with complete fittings | 70 » |
| Ditto, second » | 60 » |
| Extra Pair of Detachable Locks, £6 10 0 extra. | |
| Best quality Ejector, with ordinary locks and two triggers, in leather-covered oak case complete | 70 » |
| Ditto, plain quality, in solid leather case complete | 60 » |
| Ditto, second » | 50 » |

The above best and plain quality rifles are fitted with Westley Richards New Hinged Fore-sight Protector. On the second quality rifles the Slip-on Protector is supplied.

... not included, £1 1 0

Por tener reborde, el .303 no se adapta muy bien a las acciones Mauser, Winchester, etc., porque necesita un cargador con una inclinación más pronunciada que permita acomodar los rebordes para que no se enganchen (como ocurre con el .22 L.R.). De todas maneras, el reborde, que era una desventaja para utilizarlo en rifles de repetición, hacía que se adaptara muy bien a rifles monotiro y dobles, clásicos de los fabricantes británicos. Muchos cazadores utilizaban dobles .303 por la ventaja logística del calibre, ya que podían obtener munición en cualquier destacamento militar o policial británico en las colonias.

También fue un calibre popular en un tipo muy especial de arma conocido como "rifle del Cabo". Este era un combinado yuxtapuesto, con un caño de escopeta y otro de rifle en calibres militares, entre ellos, el .303 British. Estas armas eran muy populares entre los oficiales de menor rango que no podían permitirse el lujo de comprar un rifle y una escopeta para cazar durante su servicio en las colonias.

Incluso la firma norteamericana Ruger, ofreció una serie limitada de su Modelo N°1 (monotiro) en .303 British, un verdadero clásico inglés moderno.

## Conclusiones

El .303 British es un verdadero símbolo de una época ya pasada, llena de romanticismo y valentía, cuando los soldados se lanzaban ciegamente a la batalla sin GPS, rodilleras, camelback ni visores nocturnos.

Por otro lado, es un excelente calibre de caza con muchos años de comprobada eficiencia. Tiene potencia más que suficiente para la fauna mayor (si excluimos al búfalo) a distancias medias.

**7,65x54mm Mauser**
**Página 115**

# 7,65x54mm Mauser

Este es uno de los calibres de la casa Mauser que más tiempo sobrevivió a las revoluciones tecnológicas del Siglo XX. Si bien se convirtió en obsoleto en la segunda mitad de dicho siglo, se sigue fabricando su munición en forma limitada, más allá de los años que han pasado.

## Historia

El 7,65x54mm fue el primer calibre desarrollado por la firma Mauser en ser utilizado como reglamentario por un país.

Muchas veces se habla del 8x57mm como 8mm Mauser, sin embargo, este calibre no fue diseñado por Mauser sino que fue desarrollado en el arsenal militar de Spandau, para el Gewer 88. Y aprobado por la llamada Comisión de 1888, improvisada y urgente comisión reunida para armar a Alemania con un conjunto arma/munición equivalente al 8mm Lebel francés. Esta comisión también desarrolló un rifle denominado Modelo Comisión 1888, combinado diseños de Mauser y Mannlicher, arma que, aunque presentaba bastantes problemas, fue adoptada por Alemania.

Aunque la comisión había utilizado algunos diseños de Mauser, esta forma alemana quedó fuera del desarrollo. Por ello comenzó sus propios trabajos, desarrollando un nuevo fusil y calibres modernos. Nace así el 7,65x54mm, que en el campo militar, fue adoptado primero por Bélgica en el año 1889, con el M89; luego por Turquía en 1890 con el M90 y por Argentina en 1891. Estos tres rifles eran casi idénticos y suelen denominarse genéricamente como Modelo 1891. El porqué del calibre no puede saberse a ciencia cierta, podrían haber utilizado la misma vaina del 8x57 en calibre 7,65mm o podrían haber mantenido el calibre con la vaina de 54mm. Sin embargo, se cambiaron ambas cosas.

España utilizó el 7,65x54mm fugazmente en su Modelo 1893, un diseño intermedio que tenía la misma nuez del Modelo 1891, pero poseía el sistema de extracción utilizado más tarde en el Modelo 1898. La Marina de Guerra compró un pequeño lote, pero finalmente decidió adoptar el 7x57mm Mauser como calibre de reglamento.

Sin embargo, España utilizó 10.000 fusiles y 5.000 carabinas del modelo Mauser Argentino 1891 en calibre 7.65mm para poder hacer frente a un levantamiento en Melilla, Marruecos. Estas armas fueron solicitadas a Loewe, encargada del pedido Argentino y enviadas a España luego que nuestro país diera su consentimiento. Una vez terminado el levantamiento estas armas serían destinadas a Cuba, siendo temporalmente un segundo calibre reglamentario, donde debió haber participado de la famosa Guerra entre EE.UU. y España.

En el mercado internacional, la denominación más común es la de 7,65 Argentine o Belgium y esto a pesar de haber sido utilizado por otros países como España, Turquía, Colombia, Ecuador, Paraguay, Perú y Bolivia. Debido a esto, nuestro Mauser 7,65 es muy conocido en el resto del mundo y sobretodo, en los EE.UU. donde fueron muy populares en la década de 1960.

El calibre siguió en uso a lo largo del Siglo XX, por parte de los países que lo adoptaron, hasta pasada la Segunda Guerra Mundial. Tuvo un uso intensivo en la Guerra de Chaco entre Paraguay y Bolivia entre los años 1932 y 1935, tanto en los fusiles Mauser como en diverso tipo de ametralladoras.

Durante la Segunda Guerra Mundial, Gran Bretaña lo utilizó como calibre secundario, luego de la gran pérdida de armamento sufrido de Dunkerque. Gran Bretaña envió agentes por todo el mundo en busca de armamento donde pudiera conseguirlo. En ese proceso, compraron a Chile, fusiles Mauser calibre 7,65x54mm.

El último uso registrado de los fusiles Mauser calibre 7,65x54mm ocurrió durante la Guerra de Malvinas en 1982, cuando se utilizó para custodiar los puertos continentales del sur Argentino.

## Consideraciones balísticas

El 7,65x54mm es un calibre muy equilibrado en potencia, retroceso y performance, tanto como calibre militar como en el aspecto deportivo. En su momento fue un calibre muy moderno, con la vaina levemente abotellada, sin reborde y con cuello corto. Tendencia que después fue adoptada, luego, por muchos otros calibres.

Con una potencia intermedia entre el .30-06 Spr. y el .308 Win., brindando un amplio rango de posibilidades. Sin embargo, tiene un problema, el diámetro de su proyectil. Al igual que el .303 British, utiliza puntas de un diámetro similar, pero no igual a los famosos calibres .30, indudablemente los más populares a lo largo del Siglo XX y XXI. El 7,65x54mm utiliza puntas de 7,95mm o 0,313 pulgadas, lo que permite utilizar las mismas puntas del .303 British aunque estas sean de 7,92mm (.311").

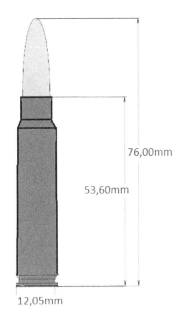

**7,65x54mmMauser**

76,00mm

53,60mm

12,05mm

# Armas

Además de Mauser, otros fabricantes utilizaban este calibre en alguno de sus modelos estándar. Tal es el caso Remington que ofrecía sus fusiles Rolling Block Modelo N°5, para pólvora sin humo, en 7,65mm Mauser, entre otros calibres militares.

Muy poco conocen el hecho de que Winchester ofreció su primer fusil a cerrojo, el Modelo 54 en tres calibres europeos, el 7x57mm, el 9x57mm y nuestro 7,65x54mm Mauser. Este rifle, antecesor del famoso Winchester 70 estuvo en el mercado entre 1925 y 1941. El destino de estos fusiles era sin duda el mercado internacional y la inclusión de nuestro calibre habla a las claras de su popularidad por esos años y de la importante posición de la Argentina en el mundo.

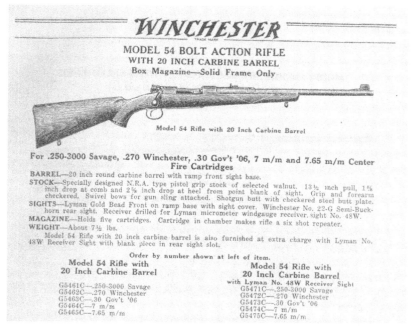

Del otro lado del Océano Atlántico, el famoso fabricante de armas finas Daniel Fraser, en Edimburgo, Escocia, ofrecía su fusil a cerrojo en un calibre de su propiedad, el .303 Fraser rimless. Este no era otro que nuestro benemérito 7,65x54mm Mauser. Aunque parezca muy extraño que un fabricante Ingles ofrezca armas recamaradas para calibres de otro origen, esto era bastante común. Aquí encontramos dos particularidades del mercado armero inglés de fines del Siglo XIX, la existencia de los Propierty Cartridges o "calibres de propiedad" y la importación de armas a medio terminar desde Europa Continental. Los Propierty Cartridges eran una exclusividad y podían ser utilizados solo por el propietario de la patente del mismo o por otros con su consentimiento. Por otro lado, muchos armeros importaban armas para ser terminados al gusto inglés. El caso del .303 Fraser rimless es muy similar al de John Rigby, representante de Mauser en el Reino Unido, que ofrecía su 276 Rigby que no era otro que el 7x57mm Mauser.

**7x57mm Mauser**
**Página 55**

# 9x19mm NATO

El 9x19mm es uno de los calibres de arma corta más populares alrededor el mundo. Es el calibre actual de dotación de las tropas de la gran mayoría de los países, utilizado tanto en armas cortas, como en pistolas ametralladoras y otras armas de apoyo. En el campo civil ocurre lo mismo, la gran mayoría de las pistolas de fuego central que se venden en casi cualquier país del mundo, son 9mm, a pesar de la gran cantidad de calibres alternativos disponibles cono el .40 S&W, .380, etc.. El 9x19mm, gracias a sus muchas virtudes, supo mantener su vigencia por más de 110 años, sin que su fama se viera opacada por los viejos y nuevos competidores.

## Historia

El 9x19mm fue desarrollado originalmente por el famoso, Geog Luger, junto con la firma alemana Deutschen Waffen und Munitionsfabriken (D.W.M.), para su más famosa pistola Parabellum, en el año 1902. Luger había desarrollado originalmente su pistola a fines del Siglo XIX, basándose en el diseño de Borchardt. Junto con su pistola desarrolló un calibre propio, el 7,65 mm Parabellum que derivaba a su vez del 7,62 Borchardt y/o 7,63 Mauser. Estos últimos, eran excelentes calibres, pero bastante largos (con vaina de 25mm de largo). Luger, para poder colocar el cargador más cómodamente dentro de la empuñadura de su pistola, debió acortar la vaina a 21mm. La pistola Luger en calibre 7,65mm había sido adoptada por las fuerzas armadas de Suiza en 1900.

Luger quería ampliar sus ventas y miraba los mercados británico y norteamericano que buscaban una nueva pistola automática de calibre grueso. El 7,65mm Luger lograba excelentes resultados, pero no era el que querían las fuerzas armadas de Gran Bretaña y los EE.UU. Los británicos querían por lo menos un calibre .40 y los norteamericanos un .45. Ambos había probado el 7.65mm Luger, pero no llenaba las expectativas y por otro lado, la pistola Luger no se adaptaba a estos calibres mayores. La única solución que le quedó a Luger fue desarrollar un 9mm para que lo probaran los británicos.

A primera vista se podría suponer que Luger y D.W.M. desarrollaron el 9 mm Parabellum de la forma más simple, expandiendo el cuello de botella del 7,65mm Luger para aceptar puntas normales de 9mm. Sin embargo, este fue un segundo paso, la primera opción fue la de desarrollar un extraño cartucho con vaina abotellada y una punta especial, con la base reducida, del mismo largo que el 9x19mm que hoy conocemos.

Entre la segunda mitad del año 1901 y principios de 1902, Luger diseña este extraño cartucho que los coleccionistas llaman 9mm Borchardt-Luger y hace algunas pruebas preliminares que parecen prometedoras. Luger, a través de su representante, ofrece su pistola y su nuevo calibre en Gran Bretaña, pero no encuentra interés. A mediados de 1902, Luger manda una pistola, y alguna munición a EE.UU y el ejército norteamericano decide probarla. Se estima que esa primera pistola fue la única arma recamarada para este extraño 9mm Borchardt-Luger, mientras que las pistolas que se mandaron luego para las pruebas ya estaban recamaradas para el nuevo 9x19mm.

El ejército de EE.UU aceptó probarlas en abril de 1903 y se mandaron otras tres pistolas que llegaron el 5 de Mayo de 1903, junto

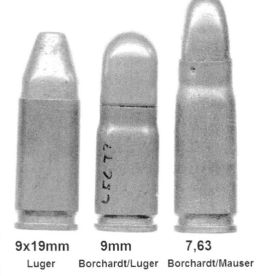

| 9x19mm | 9mm | 7,63 |
|---|---|---|
| Luger | Borchardt/Luger | Borchardt/Mauser |

Cortesía de Lewis Curtis y http://www.iaaforum.org

con su munición. Luego, para seguir las pruebas, se cambiaron 50 pistolas calibre 7.65mm Luger por otras 50 pistolas en 9mm, con una reforma curiosa, el contador de cartuchos (Powell Cartridge Counter), que era una ventana que permitía ver cuántos cartuchos quedaban en el cargador.

Finalmente, Luger logró despertar interés en su país y las primeras pistolas 9mm se probaron a mediados de 1904. La marina alemana adopta la pistola Luger a fines de 1904, como C04 pero no recibe las primeras pistolas hasta 1905.

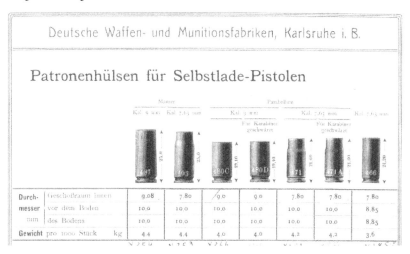

Tanto las pistolas de Luger como el calibre, adoptaron el nombre "Parabellum", nombre que D.W.M. había patentado a principios del Siglo XX. Este nombre proviene de una famosa máxima latina "Si vis pacem, parabellum", es decir: "Si quieres la paz, prepárate para la guerra". Concepto bastante significativo viniendo de la industria armera alemana pocos años antes de la Primera Guerra Mundial.

El lector habrá notado que el 9mm tiene vaina más corta que el 7,65mm, esto es porque, al agrandar el cuello, la vaina se acorta naturalmente.

En la Primera Guerra Mundial, el 9mm fue utilizado tanto en pistolas como en las primeras pistolas ametralladoras. Terminada dicha guerra, el uso de este calibre se expandió rápidamente.

Muchos países lo adoptaron como calibre reglamentario, entre ellos Bélgica, Checoslovaquia, Bulgaria, Finlandia, Polonia, Suecia y, posteriormente, casi todos los países del llamado bloque occidental. Con la adopción de la pistola ametralladora Lanchester en 1940, el Reino Unido también comienza a utilizar el 9mm Para, que después se utilizaría en muchas otras armas.

**Los calibres de Luger**

7,65mm          9mm

La popularidad del 9x19mm siguió creciendo y, finalmente, en 1953 fue adoptado por la O.T.A.N. (organización del Atlántico Norte). La sigla O.T.A.N. se escribe N.A.T.O. en inglés y de allí el otro nombre de este calibre: 9mm NATO. Sin embargo, no todos los integrantes de la OTAN lo adoptaron; los EE.UU. siguió manteniendo el .45 A.C.P. como calibre reglamentario por muchos años. Pero, finalmente, adopta el 9mm, junto con la pistola Beretta M92, en el año 1992, relegando al clásico .45 a un segundo plano.

Me atrevería a decir que el 9mm Para, es uno de los calibres más importantes en el desarrollo de las armas del Siglo XX. Sus características, potencia, pequeño tamaño, eficiencia, etc. permitieron el desarrollo de pistolas tan efectivas que los revólveres se volvieron obsoletos en muy pocos años. A principios del Siglo

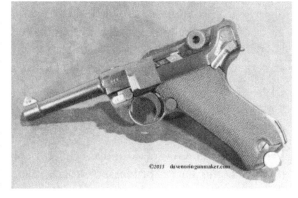

©2013 davenoringunmaker.com

XX, muy pocos países pensaban que fuera necesario reemplazar los confiables revólveres por las incómodas pistolas de la época. Sin embargo, para la Segunda Guerra Mundial, casi todos los países habían adoptado pistolas automáticas para sus tropas, relegando los revólveres a las segundas líneas y solo para completar las dotaciones hasta que pudieran fabricar suficientes pistolas.

## Balística

Como venimos diciendo, el 9x19mm ofrece un excelente equilibrio entre potencia, tamaño y eficiencia.

Algunos calibres de pistola.

En su momento estaba entre los calibres más potentes del mercado. Durante esos años, comenzaban a desarrollarse las primeras pistolas exitosas y se necesitaba munición distinta a las del Siglo XIX, utilizada casi exclusivamente en revólveres. Esta munición debía ser, necesariamente potente y compacta para poder utilizarse en las nuevas pistolas.

**9x19mm Luger**

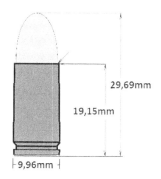

Debemos recordar que en los primeros años del Siglo XX, la gran mayoría de los calibres gruesos de arma corta provenían de la época de la pólvora negra, con sus limitaciones de velocidad o utilizaban proyectiles de bajo calibre como el 7,65 Luger, el 7,65 Browning o el 7,63Mauser. No es hasta 1911, que entra en juego el .45 A.C.P. un calibre de pistola de gran diámetro.

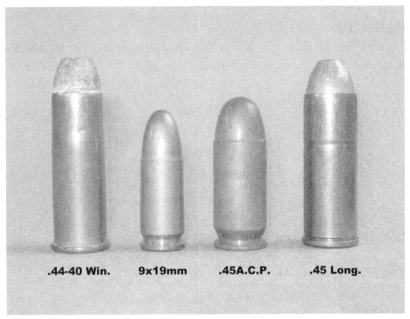

.44-40 Win.        9x19mm        .45A.C.P.        .45 Long.

El 9x19mm era potente y compacto, permitiendo fabricar pistolas de tamaño razonable y gran efectividad. Cuando se vio esta ventaja, comenzaron a diseñarse pistolas con mayor capacidad de fuego. La pistola de Luger y la famosa Walter P38, tenían capacidad solo para 8 cartuchos, más que

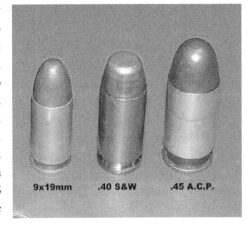

9x19mm        .40 S&W        .45 A.C.P.

aceptable en épocas donde el uso de revólveres de seis disparos era la regla. Le siguieron modelos de pistola con mayor capacidad. La Browning HP35, entre otras, aprovechó el 9mm para aumentar el volumen de fuego a trece o más disparos, por cargador. Hoy tenemos pistolas de tamaño normal con capacidad para 19 o más cartuchos.

Pero el 9x19mm no estaba solo, existen una gran cantidad de calibres 9mm diferentes. Entre ellos, el bastante popular 9x17mm Browning Corto o .380 ACP y otros más raros como el 9x18 mm Ultra, el 9x18mm Makarov, el 9x20 mm Browning Long, el

9x21 IMI, el 9mm Bergman-Bayard, el .38 Super, el 9x23mm Winchester y el 9x25mm Mauser, todos con distintas características cuya descripción escapa al objetivo de esta nota.

Volviendo al 9x19mm, la mayoría de las cargas utilizan proyectiles totalmente encamisados de entre 115 y 125 grains, con distintas configuraciones. Disparada desde un arma corta, su munición desarrolla entre 1.100 y 1.300 pies/seg. Podemos encontrar también alguna munición con puntas pesadas de entre 145 y 150 grains que, obviamente, desarrollan menor velocidad, por debajo de la del sonido, usada generalmente para ser empleada en armas silenciadas.

## Arma larga

El 9x19 es utilizado también por gran número de armas largas, principalmente diversos tipo de pistolas ametralladoras y algunas carabinas, como los modelos de Beretta que utilizaron algunas policías provinciales de la República Argentina. El 9x19mm se mostró muy útil en armas largas, principalmente pistolas ametralladoras (metralletas). Muchos más práctico que el .45 A.C.P. utilizado por los EE.UU. o el 7,62 Tokarev del Bloque Oriental.

Existe también munición especial identificada como "only for MP", es decir, solo para pistola ametralladora. Se dice que esta munición tiene cargas más fuertes que no son recomendables para armas cortas. Sin embargo, está indicación corresponde a munición con vaina de acero que presenta problemas al ser utilizada en pistolas como la Luger. Estas pistolas, desarrolladas a principios del Siglo XX poseen un escalón o anillo en la recámara puesto para mejorar el sellado de gases. Este mismo escalón causa problemas de funcionamiento cuando se dispara munición con vaina de acero, de allí la aclaración de "only for MP".

## Campo deportivo

En el campo deportivo el 9x19 mm fue utilizado principalmente para tiro al blanco. Como calibre de caza tuvo un uso limitado en los primeros años del Siglo XX, debido a la novedad de las nuevas pistolas. Sin embargo, su efectividad limitada, para matar animales de cierto porte, hizo que fueran rápidamente abandonadas. En los últimos años del Siglo XX retomó gran popularidad en el campo del tiro práctico, por su alto volumen de fuego que le permitió finalmente desplazar a su más viejo competidor, el .45 A.C.P. Sin embargo, un nuevo competidor apareció desde donde no se esperaba. Luego de años de buscar un calibre intermedio que saldara la diferencia entre el 9mm y el .45 A.C.P. y que equilibrara las virtudes de ambos, aparece el .40 S&W. Calibre que permite mantener un alto volumen de fuego, pero con mejor performance como calibre defensa que el 9x19mm. A pesar de todo esto, el 9x19mm sigue teniendo vigencia luego de más de 110 años de vida.

**.45 ACP (Automatic Colt Pistol)**
**Página 177**

# .38 Smith & Wesson Special

Conocido simplemente como .38 Special o incluso como .38 largo a secas, fue uno de los calibres más populares y clásicos en nuestro país. Con un renombre extraordinario hasta hace pocos años, hoy ha perdido gran parte de su popularidad a manos de algunos calibres más veloces y potentes.

Creado por Smith & Wesson en los últimos años del Siglo XIX, supo convertirse en uno de los calibres de revólver más exitosos jamás producidos. Con más de un siglo de fieles servicios, sigue manteniendo cierta popularidad, tanto como calibre de defensa como para la práctica del tiro. Fue calibre casi excluyente de muchas fuerzas policiales del mundo durante más de medio siglo, aunque ahora ha sido reemplazado por las pistolas semiautomáticas por su mayor volumen de fuego y potencia.

# Historia

Para poder entender cómo se desarrolló el .38 Smith & Wesson Special, debemos remontarnos a principios del Siglo XIX y un poco antes. Durante siglos, quien disparaba un arma corta, disponía de uno o, a lo sumo, dos disparos. Hacia 1835, el genial y famoso armero norteamericano Samuel Colt logra perfeccionar los primeros revólveres exitosos. Si bien la idea de colocar una serie de recámaras alrededor de un eje, ya era conocida, Colt logra combinar una serie de ideas en un arma que funcionaba correctamente y era fácil de utilizar. Estos revólveres se constituyeron rapidamente en las más efectivas armas de repetición y siguieron en uso por casi un siglo.

Los primeros revólveres de Colt se fabricaron en varios calibres, .31", .36" y más tarde en calibre .44". Estos calibres nominales no correspondían a los diámetros reales. Por esos años, no se había inventado todavía el calibre ni el micrómetro, por lo que el diámetro interior de un caño se medía introduciendo una sonda dentro. Dicha sonda era un cilindro de diámetro conocido. De esta manera, se medía el diámetro en la cresta de las estrías y no en el fondo y, por ello, debían utilizarse proyectiles de mayor diámetro que el nominal del arma. Entonces, un revólver de avancarga calibre .36, utilizaba en realidad proyectiles de 0,375 pulgadas.

Años después, pasada la mitad del Siglo, cuando comenzaron a desarrollarse los calibres de retrocarga, Smith & Wesson poseía la exclusividad sobre la patente para fabricar revólveres con recámaras agujereada de lado a lado. Este pequeño detalle, que puede parecer insignificante, era fundamental ya que impedía a los otros fabricantes producir revólveres de retrocarga, sin afrontar costosos juicios por infracción de patentes. Los demás fabricantes buscaron entonces distintas opciones para mejorar sus revólveres de avancarga, sin mayor éxito. Finalmente, Colt se vio obligado a seguir fabricando los revólveres de avancarga y, junto con ellos, kits que permitían al usuario transformar estos para poder utilizar munición moderna de retrocarga. De esta manera, se tuvo que adaptar una munición especialmente diseñada para los revólveres ya existentes y no al revés, como ocurre normalmente.

.38 rimfire   .38 Long   .38 Spl.
Colt

Nacen así algunos calibres de compromiso, como los .38 que en un principio eran de fuego anular y lubricación externa. Como en el .22 L.R. actual, donde la vaina y el proyectil tienen el mismo diámetro, en el caso de los .38, un diámetro de alrededor de 0,369 pulgadas, para poder ser utilizados en recámaras cilíndricas. El tambor del revólver de avancarga era torneado para quitar la parte trasera, dejando una recámara cilíndrica lisa. Esta parte torneada era reemplazada por una pieza fija que hacía las veces apoyo trasero de los cartuchos y contenía al percutor.

Este calibre, luego tuvo una versión de fuego central, también de lubricación externa, que con el tiempo sería denominado .38 Short Colt. A este le siguió, a fines de 1873, una versión más potente desarrollada por U.M.C. (Union Metallic Cartridge), conocida como .38 Long, que mantenía la lubricación externa y usaba una vaina más larga. Esta munición fue utilizada por la Marina norteamericana en sus revólveres Navy 1851 y Navy 1861 convertidos por Colt a fuego central. También en muchos otros revólveres de Colt como el modelo Lighting, New Line y Single Action Army entre otros. Finalmente la Marina Norteamericana adopta, en 1889, un nuevo modelo de revólver de doble acción, recamarado para este cartucho de lubricación externa.

Para 1889, debido a los problemas generados por la lubricación externa, se transforma este cartucho a lubricación interna y permanecen en producción las dos versiones, que podían utilizarse en los mismos revólveres.

Debido a la trasformación a lubricación interna, el diámetro del proyectil tuvo que ser reducido de los 0,369 pulgadas a 0,357 pulgadas, para que este pudiera entrar dentro de la vaina. A pesar de este cambio en la munición, Colt mantuvo durante unos años el diámetro del cañón de sus revólveres entre 0,367 a 0,369 pulgadas, como el modelo original para munición con lubricación externa. Para que se pudiera disparar estos proyectiles de menor diámetro en esos caños, manteniendo algún grado de precisión, se debió recurrir a proyectiles con el viejo diseño de Minié. Esto es, un proyectil con base hueca que expande por la presión de los gases y esto le permitía tomar el estriado correctamente.

Para 1892 las Fuerzas Navales de los EE.UU. buscaban un arma moderna para reemplazar los viejos Colt de simple acción, calibre .45, que venían utilizando. Luego de algunas pruebas, decide adoptar un moderno revolver ofrecido por Colt, con sistema de doble acción, denominado M1892, junto con el conocido .38 Long Colt, en la versión de lubricación interna. Se produjeron varios modelos de este revólver, con pequeñas diferencias, manteniendo el diámetro de cañón original. Recién en el Modelo 1903 se ajustó el diámetro del caño al calibre del proyectil, a 0,357 pulgadas. Pero, a pesar de estos cambios, se mantuvo la denominación del calibre como .38.

Este nuevo revólver Colt calibre .38 Long Colt, a pesar de sus ventajas por ser de doble acción y tener tambor volcable, presentó serios problemas al ser utilizado en el campo de batalla. Cuando los EE.UU. participaron de la guerra contra España y la Campaña de Filipinas, las tropas norteamericanas encontraban que este calibre era insuficiente para poner fuera de combate a los fanáticos religiosos filipinos. Por ello, muchos soldados volvieron a utilizar los viejos Colt .45 de acción simple, mucho más efectivos, desde el punto de vista balístico.

Con lo aprendido en esa campaña, Smith & Wesson decide desarrollar un nuevo calibre en 1899. Este calibre sería denominado .38 Smith & Wesson Special y fue lanzado junto con un nuevo revólver de doble acción que haría historia, el "Smith & Wesson 1st Model Hand Ejector Military & Police". Algunas fuentes datan erróneamente al .38 Special como introducido en 1902, porque en ese año salió al mercado la versión comercial de este calibre.

El .38 Special, con su carga original de 21 grains de pólvora negra, presentaba ventajas balísticas, pero casi enseguida se lo comenzó a cargar con pólvora sin humo. Un calibre muy eficiente y suficientemente potente para la época, con la punta redondeada estándar de 158 grains desarrollaba 870 pies/seg. Se lo utilizó en gran número de revólveres y se constituyó en pocos años en el calibre estándar para uso policial en los EE.UU.

En 1930, S & W introduce un nuevo revólver calibre .38 Special reforzado, al que denominó Smith & Wesson 38/44 Heavy Duty. Este revólver utilizaba el armazón grande de los revólveres calibre .44-40 Win. y .44 Special, de allí su denominación, pero con el tambor recamarado para el .38 Special. La fortaleza de este revólver le permitía utilizar cargas mucho más fuertes, potentes y mucho más veloces que la munición estándar. Estas cargas, denominadas "Hi Speed" o .38-44 Special, desarrollaban mayores presiones, podían disparar puntas de 150-158 grains, a algo más de 1100 pies/seg. y las de 110 grains a 1330 pies/seg.. Este modelo desembocaría finalmente en el desarrollo del famoso .357 Smith & Wesson Magnum, en 1935.

Durante muchos años, las fuerzas policiales de los EE.UU. usaron el revólver .38 Special con orgullo, hasta la década de 1980 cuando fue reemplazado por el 9x19mm PARA y las pistolas semiautomáticas como la Beretta, la Glock y la Sig-Sauer.

Con el objeto de aumentar la efectividad del .38 Special se desarrollaron diferentes estrategas. Una de ellas fue el desarrollo de cargas más fuertes para ser utilizadas en defensa que desarrollaban mayores presiones. El objetivo era proveer una munición de mayores prestaciones balísticas, pero que pudiera ser utilizada de vez en cuando en revólveres normales. El uso prolongado podría dañar algunos revólveres ya que desarrollan mayores presiones de trabajo. Estas cargas fueron denominadas +P y +P+, siendo esta última más potente que las primeras. Su efectividad se veía mejorada también por el uso de proyectiles de frente plano o con punta hueca.

## Consideraciones balísticas

El .38 S&W Special es un calibre muy equilibrado, porque posee una potencia suficiente para defensa personal, un retroceso perfectamente manejable y un nivel de ruido aceptable. El solo hecho que fuera empleado por años por las fuerzas policiales de todo el mundo, en países como los EE.UU., España y Brasil entre otros, habla a las claras de su efectividad.

A pesar de haber sido el calibre de defensa por excelencia durante muchísimos años, hoy es considerado apenas como el calibre mínimo aceptable. Una de las razones por las que el .38 Special ha perdido fama como arma de defensa es su baja velocidad inicial, de alrededor de los 850 pies/seg.. Estas velocidades consideradas óptimas hasta principios de Siglo XX, son hoy muy bajas en comparación con la que desarrollan otros calibres de arma corta populares en la actualidad como el 9x19mm NATO o el .357 Magnum. El .38 Special mantiene presiones típicas de los calibres del Siglo XIX; con sus 1.500 bares, el .38 parece casi anémico comparado con los casi 3.000 bares del 9x19mm NATO y del .357 S&W Magnum.

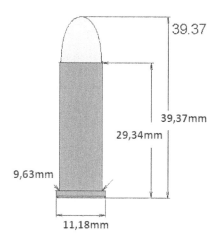

**.38 S&W Special**

39.37

39,37mm

29,34mm

9,63mm

11,18mm

Estas mismas bajas presiones de trabajo, como contrapartida, permiten que pueda ser utilizado en revólveres de pequeño tamaño, livianos y de muy fácil ocultación. De esta manera, fue el calibre elegido para un arma de defensa oculta y también para armas policiales secundarias.

A la munición estándar de punta redondeada de 158 grains, se agregó a mediados del Siglo XX, una munición para uso policial con proyectiles más pesados. Algunas teorías proponían que el uso de puntas pesadas, 200 grains en este caso, mejoraba su efectividad. Esta era conocida popularmente como .38 Special Police o Super Police y desarrollaba una velocidad en la boca de 745 pies/seg..

En otros casos se optó por la opción inversa para mejorar su efectividad, esto es bajar el peso del proyectil y poder así elevar su velocidad, manteniendo las presiones de trabajo dentro de límites aceptables. Con proyectiles de 110 grains, la velocidad del .38 Special en la boca del arma, puede elevarse por sobre los 1.000 pies/seg. Con esto, se mejora la balística terminal, aumentando su energía cinética y el efecto hidráulico.

Sin embargo, el pobre diseño de puntas conspira para disminuir su efectividad, ya que la mayoría de la munición comercial disponible utiliza proyectiles de punta redonda. Este tipo de proyectil tiende a atravesar el blanco deslizándose entre los tejidos, liberando muy poca energía. Esto, por lo general, resulta en una muy pobre efectividad para detener a un oponente decidido. Los proyectiles de punta chata resultan mucho más efectivos para maximizar la transferencia de energía. Los proyectiles de punta hueca, si bien mejoran su efectividad, no siempre logran expandir a bajas velocidades.

En lo referente al uso militar, la munición utilizada por las fuerzas armadas de los EE.UU. poseía punta totalmente encamisada, a velocidades normales. Otro tipo especial de munición, no tan conocida era la denominada "Metal Piercing". Con punta de 130 grains totalmente encamisada y cargas de alta presión, esta munición fue diseñada para penetrar metal, principalmente para uso policial. Se buscaba que fuera capaz de penetrar el block de un motor para detenerlo.

Otro aspecto que dio fama al .38 Special fue su precisión y, por ello, fue muy utilizado en tiro al blanco. Incluso Smith & Wesson ofrecía una pistola semiautomática de tiro Modelo 52, en este calibre. Para esta actividad se utiliza munición especial con punta de tipo wadcutter, (proyectil cilíndrico) de 148 grains y baja velocidad (770 pies/seg.).

## Las armas

En la década de 1980 había seis configuraciones básicas de revólver calibre .38 Special usadas por el ejército norteamericano, un Smith & Wesson con caño de 2 pulgadas usado por el CID (Comando de Inverstigación Criminal) y Contrainteligencia; otros tres, con caño de 4 pulgadas, tres fabricados por Ruger y dos por Smith & Wesson. Estos revólveres de 4 pulgadas eran usados por aviadores y policía militar. En la actualidad el uso de revólveres .38 Special es muy limitado dada la mayor popularidad de las pistolas automáticas para igual uso.

La variedad de revólveres disponibles en este calibre es tan amplia que sería por lo menos aburrido enumerarla. Desde los pequeños revólveres de caño corto y cinco tiros hasta los modelos más grandes de Smith &Wesson, con martillo a la vista u oculto, pasando por algún Derringer o la famosa pistola de Smith & Wesson "Model 52 .38 Master Auto" decenas de modelos circulan en el mercado.

Además de Smith & Wesson y Colt, muchos fabricantes hicieron armas en calibre .38 Spl. como Charter Arms, Ruger, en los EE.UU.; Llama, Gabilondo y Astra en España y Rossi y Taurus en Brasil. En nuestro país, Tanque, Rubí y Rexio son los más notables.

El .38 S&W Special, considerado un calibre de revólver, es también un excelente calibre de rifle. El caño largo aumenta su velocidad inicial, acercándolo mucho al desempeño del .357 Magnum disparado desde un revólver.

**9x19mm NATO**
**Página 121**

# .357 Smith & Wesson Magnum

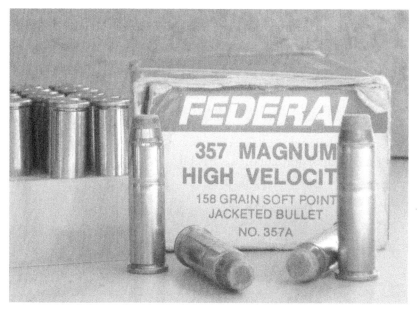

Este calibre supo convertirse en uno de los calibres de arma corta más famosos y populares gracias a su velocidad, su potencia y ductilidad.

Cuando el .357 Smith & Wesson Magnum llegó al mercado, produjo un profundo efecto en el campo de la caza deportiva, cambiando la forma en que las armas cortas eran consideradas hasta ese momento. De pronto, las armas cortas se acercaban en efectividad a las armas largas y algunos cazadores comenzaron a utilizarlas con exclusividad. Empieza así la caza con arma corta como actividad deportiva. No es que antes no se cazara con armas cortas, muchos tramperos de los EE.UU. las utilizaban para dar el tiro de gracia a las presas que atrapaban y también algunos exploradores las portaban. Sin embargo, eran por lo general utilizadas como arma de ocasión, un arma para llevar "por si acaso", con la idea de que era mejor que no llevar nada.

## Historia

Derivado del .38 S&W Special, la propia evolución de este hizo posible que, con las mejoras tecnológicas del Siglo XX, fuera muy simple crear un calibre de arma corta, como el .357 Remington magnum, que desarrollara mejores prestaciones.

En la década de1930, hubo, en los EE.UU. gran proliferación del delito de las grandes bandas conocidas como gangsters, tan vista en films cinematográficos. Estas bandas especializadas introdujeron el uso de autos blindados y primitivos chalecos antibalas que volvieron inefectivos a los viejos calibres de arma corta utilizados por el F.B.I y las fuerzas de seguridad de los EE.UU.

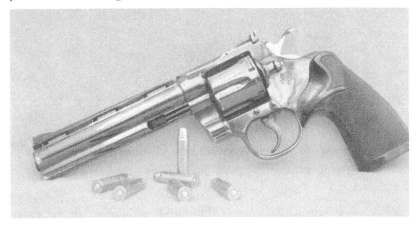

Smith &Wesson produjo entonces dos nuevos modelos de revólver recamarados para el .38 S&W Special, a los que denominó .38/44 "Heavy Duty" y "Outdoorsman". Estos revólveres, con tambor recamarado para el .38 Spl., utilizaban el armazón S&W grande, originalmente usado exclusivamente para sus revólveres calibre .44 y .45, como el .44-40 Win., el .44 Special y el .45 Colt. La fortaleza de este revólver permitía utilizar cargas mucho más fuertes que los .38 Special standard. Eran más potentes y mucho más veloces que la munición estándar del calibre (.38 Spl.); por lo que tenían también mayor penetración. Estas cargas, denominadas "Hi Speed"(alta velocidad) o .38-44 Special, desarrollaban también mayores presiones y permitían entonces disparar puntas de 150-158 grains, a algo más de 1100 pies/seg. y las de 110 grains a 1330 pies/seg., mucho más efectivas que las del calibre estándar.

Por esos años vivía un pintoresco cowboy devenido en experto tirador y escritor, llamado Elmer Keith. Sus arriesgados, y a veces temerarios, experimentos llevaron a la creación de los dos más famosos calibres Magnum de revólver, el .357 que nos ocupa y también el .44 Magnum del que nos ocuparemos en otro capítulo.

Según cuenta Keith en su famoso libro "Sixguns", la Smith & Wesson le envió uno de esos revólveres .38-44, junto con 500 tiros Hi Speed, para que entrenara y comprobara ciertos trucos de tiro al vuelo con revólver. Keith, aprovechando que tenía ese revólver, desarrolló sus propias cargas bastante más fuertes que las "Hi Speed", utilizando punta más pesada (173 grains). Luego de tirar más de mil tiros con estas cargas le informó a S&W sobre la fortaleza de su revólver, que había pasado la prueba sin ningún desgaste visible.

Smith & Wesson, con la ayuda de otros expertos y escritores de la época, decide crear un nuevo calibre al que denominó .357 Smith & Wesson Magnum, considerando el diámetro real de sus proyectiles. Por su parte, el desarrollo de la munición fue encargado a otra famosa firma, la Winchester.

Así, para 1935, pudo lanzar al mercado el primer revólver calibre .357 Smith & Wesson Magnum, que era en realidad el mismo que el .38-44 con un nuevo tratamiento térmico. Estos primeros revólveres se hacían casi a pedido, con caños entre 3,5 y 8 pulgadas.

Finalmente, Smith &Wesson le envió a Keith uno de los nuevos revólveres .357 Magnum (con número de serie 0362) para que lo probara extensivamente. Elmer Keith cuenta que con este revólver cazó cientos de liebres, con tiros verdaderamente largos que lo hicieron famoso. También cazó muchos otros animales de mayor porte y dio su veredicto favorable, que sin duda ayudó también a la amplia difusión de este calibre.

Ya con la munición de alta velocidad del .38 Special en plena producción, se había visto el peligro potencial de que, por desconocimiento o por estupidez, a alguien se le ocurriera la brillante idea de disparar munición de alta presión en viejos revólveres de principios del Siglo XX. La solución fue muy simple, se alargó la vaina del .38 Spl. 1/8 de pulgada, es decir 3,18mm. De esta manera, la munición del .357 Magnum, aunque entraba en un revólver calibre .38 Spl., quedaba sobresaliendo 3mm, lo que evitaba que el usuario pudiera cerrar el tambor y por ende no podía disparar. Esta reforma era muy efectiva y permitía que los cartuchos .38 Spl. pudieran ser disparados en los revólveres .357 Magnum.

Al momento de su introducción, el .357 S&W Magnum quebró dos records históricos del mundo de las armas cortas. En primer lugar, el record del calibre de revólver más potente, puesto del cual destronó al viejo revólver Colt Walker de avancarga. El Walker con su carga de 60 grains de pólvora negra desarrollaba unos 450 pies/libra de energía, bastante más que muchos calibres de la época.

El segundo record que supero fue el del calibre más veloz, desplazando al 7,63x25mm Mauser de la pistola C96. El .357 Magnum era de todas maneras un calibre mucho más potente que el de Mauser, que lograba su gran velocidad a costa de un proyectil de menor diámetro y peso.

El calibre fue un éxito comercial tanto entre los cazadores que encontraron un arma con capacidad para matar animales mayores, como entre las fuerzas de seguridad, como el F.B.I., cuyos agentes los adoptaron en masa.

## Consideraciones balísticas

A pesar de sus excelentes prestaciones, hoy ha quedado relegado como calibre para caza mayor debido a que no puede igualar las prestaciones del .44 Remington Magnum. Sin embargo, hay varios ejemplos de la efectividad del .357 S&W Mag. como calibre de caza mayor, por ejemplo, el más famoso cazador, Sasha Siemel, utilizó un S&W .357 en ocasiones para cazar jaguares en el Matto Grosso, con ayuda de sus perros. Claro que él era un cazador muy especial ya que su arma preferida era la lanza.

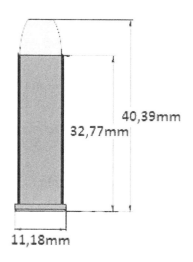

Los proyectiles más comunmente utilizados van desde los 110 a los 158 grains de peso, aunque en los últimos años las puntas de 180 grains han ganado cierta popularidad. La carga tradicional desarrolla 1.350 pies/seg. con puntas de 158 grains de peso. Con proyectiles más livianos como los de 110 grains pueden desarrollar velocidades del orden de los 1.800 pies/seg. en la boca, siempre y cuando se dispare desde revólveres que posean un caño largo (7,5-10 pulg.).

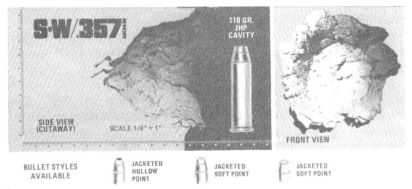

## Las armas

El primer modelo desarrollado por Smith & Wesson para el .357 S&W magnum, derivó finalmente en el famoso Modelo 27, con armazón del tipo denominado N.

Para 1950, otro famoso escritor y policía, Bill Jordan, hace su propio aporte convenciendo a S&W de la necesidad de un revólver .357 de armazón más liviano, para aquellos policías que debían portarlo diariamente. Nace así el famoso .357 Combat Magnum, hoy equivalente al Modelo 19, con armazón K. Finalmente, en la década de 1980 Smith & Wesson desarrolla un armazón intermedio denominado L, utilizado en el Modelo Distinguished Combat entre otros.

Luego del éxito de los primeros revólveres de S&W, Colt recamaró dos de sus clásicos, el Single Action y el New Service para el .357 Magnum. Pero, en 1953, lanza el primer revólver originalmente desarrollado para este calibre, que fue el llamado simplemente "Colt tres-cinco-siete". Este era basicamente el armazón intermedio del Officer's Model Match .38 Spl. transformado .357.

A este siguió, en 1955, uno de los modelos más famosos en este fabricante, el Colt Python, tal vez uno de los más finos revólveres nunca fabricados. Hay una polémica acerca de la calidad de los Colt Python. Esto es debido a que su calidad decayó notablemente a partir de los primeros años de la década de 1980. Por ello, algunos autores consideran que se puede hablar de dos submodelos de Python, pre-80 y post-80. Los primeros eran ajustados a mano y tenían un pulido que le daba al pavón una profundidad característica. Los modelos post-80 no presentan la misma calidad de terminación y los comentarios de la versión de acero inoxidable son bastante negativos.

Muchos otras grandes firmas lanzaron sus propios revólveres .357 Magnum, como Ruger con su Black Hawk de simple acción en 1956 el Security-Six en 1971 y su GP-100 en 1983. Hoy son muy populares también los revólveres Taurus y Rossi de origen brasilero por su excelente relación calidad precio.

Pero no todos son revólveres, también hay algunas pistolas semiautomáticas .357 Magnum como la Desert Eagle y Coonan, así como pistolas monotiro. Dentro de este último tipo, la más famosa fue la Contender de Thompson Center, pero también se hicieron otros modelos.

Aunque nació como un calibre de arma corta, el .357 Magnum ha ganado terreno como calibre de rifle. Sin llegar a la potencia de un fusil, una carabina en este calibre es excelente para cazar en el monte donde los tiros son a corta distancia. Gracias al caño más largo, la carabina desarrolla un 10-15% más de velocidad inicial y un 20% más de energía que las logradas en un revólver. Su trayectoria, no es excesivamente plana, pero permite tiros hasta los 100 metros con bastante seguridad.

Existen un par de carabinas calibre .357 S&W Mag. a trombón, una de origen Sudafricano y otra fabricada por Rossi copia de la Colt Lighting.

## Conclusiones

Lo que podría parecer la mayor desventaja del .357 S&W Mag., su potencia intermedia, es lo que lo hace una excelente elección para muchos usuarios. Para quien va a cazar ocasionalmente y quiere además un arma idónea para la práctica del tiro al blanco, el .357 es óptimo.

Capaz de matar un chancho en condiciones adecuadas, es un calibre muy preciso en el polígono.

Además, la posibilidad de utilizar ocasionalmente la munición del .38 Spl., que es fácil de conseguir y más económica, amplía aún más sus posibilidades.

**.308 Winchester/ 7,62x51mm N.A.T.O.**
**Página 77**

# .375 Holland & Holland Magnum

Mucho se ha escrito sobre este calibre, aunque tal vez un poco grande para la mayoría de la fauna de caza mayor, es sin duda el calibre para cazar en todo el mundo.

## Historia

El establecimiento de las colonias británicas en África y Asia, brindó al mundo de las armas gran cantidad de excelentes calibres que, en una pequeña isla del Mar del Norte, nunca hubieran hecho falta. Sin embargo, para cubrir la gran variedad de climas y fauna del Imperio Británico, los armeros ingleses debieron recurrir a un gran número de calibres.

Denominado originalmente .375 Belted Rimless Magnum, fue lanzado al mercado en 1912 por la prestigiosa firma londinense Holland & Holland Ltd. como un calibre intermedio, específicamente desarrollado para la caza mayor africana. Su intención era la de ofrecer un cartucho que pudiera competir con el .350 Rigby Magnum en la franja de los calibres medianos de la época. Cabe aclarar que, aunque en la actualidad, el .375 H&H Mag. es considerado un calibre grueso, a principios del Siglo XX, cuando todavía calibres como el .500 y el .600 Nitro Express eran populares en el África inglesa, los calibres gruesos comenzaban recién a partir del .400 pulgadas.

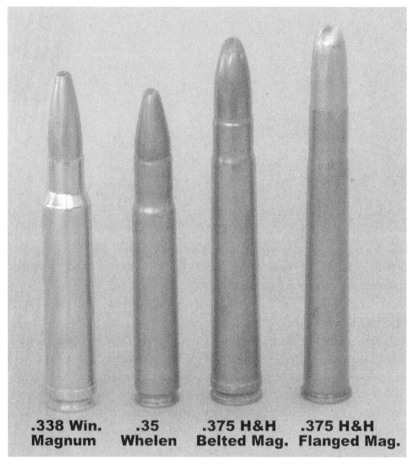

.338 Win. Magnum    .35 Whelen    .375 H&H Belted Mag.    .375 H&H Flanged Mag.

Su vaina surge de aumentar el largo y la capacidad de otro joven calibre, el .400/.375 Belted Nitro Express que la Holland &

Holland, había lanzado siete años antes, en 1905, sin mucho éxito. El .400/.375 se había mostrado como un buen calibre, pero se quedaba un poco corto en potencia, frente a sus competidores. Por ello, se había visto opacado rapidamente por el .350 Magnum desde su aparición en 1908. Una de las características distintivas del .400/.375 Belted Nitro Express, que compartió con el .375 H & H Mag., así como de casi todos los Magnum que siguieron, es el "belt" o cinturón. A pesar de que usualmente se considera que es un refuerzo, esta especie de cinturón o faja se ubica en la base de la vaina, tiene por función proveer un "hombro" o soporte para que la vaina se apoye firmemente en la recámara. De esta manera, al ser golpeada por el percutor, la vaina queda sostenida. Basicamente el "belt" provee un punto fijo para establecer el espacio de cabeza. El ya nombrado .400/375, fue el primer calibre deportivo en utilizar esta idea, que fuera desarrollada, para calibres militares experimentales por los austríacos a fines del Siglo XIX.

Junto con el .375 H&H Belted Magnum, la firma inglesa desarrolló otro calibre casi idéntico, denominado .375 Flanged Magnum. Esto era muy común en esa época cuando los rifles monotiro y dobles mantenían su popularidad. Este .375 Flanged Magnum, poseía una vaina similar, solo que en vez del "belt", para servir de apoyo, poseía el clásico reborde y una carga de pólvora menor y desarrolla unos 100 pies/seg. menos de velocidad inicial. Como estaba destinado para ser utilizado en rifles dobles y monotiro de quebrar, armas de menor fortaleza estructural que las que utilizan cerrojos Mauser, deben utilizar munición de menor presión.

A pesar de lo expuesto más arriba, finalmente el mayor competidor del .375 no resulto ser el .350 Rigby, que en esos años perdió popularidad muy rapidamente, sino el .416 Rigby. Este último tenía una ventaja que el .375 H&H Magnum nunca pudo superar, la posibilidad de utilizar puntas de 400 grains. Las puntas más pesadas que podía dispararse en el .375 Holland & Holland Magnum eran las de 300 o a lo sumo, cuando se conseguían, la de 350 grains.

El .375 H & H Mag. era, en su origen, un "propietary cartridge", una especie de patente, y por eso era producido solo por algunos

# El .375 y sus competidores.

.375 H&H Mag.   .375 Flanged Mag.   .416 Rigby   .400-450 NE

fabricantes ingleses, previo pago de los correspondientes derechos a Holland & Holland. La popularidad del .375 H&H Magnum creció cuando en la década de 1930, algunas firmas en EE.UU. comenzaron a producir su munición y a fabricar rifles para este calibre. Con esto se buscaba una opción norteamericana para los cazadores que empezaban a realizar safaris tras la fauna africana. Paralelamente, el .416 Rigby, a pesar de ser un excelente calibre, comienza a esfumarse del mercado debido a su alto precio y la escasez de rifles recamarados para él. Durante muchos años, se desarrollaron pocos calibres que pudieran competir con el .375

H&H Magnum y la mayoría de ellos se quedaban cortos en potencia. Tal es el caso del .35 Whelen en los EE.UU. y los 9,3mm y 9,5mm europeos.

En 1944, el famoso Roy Weatherby, le hace una muy interesante mejora al calibre de Holland & Holland cuando desarrolla su .375 Weatherby Magnum. Este no era otra cosa que el viejo .375 H&H Magnum con la vaina expandida a su máxima expresión. Esta fue, en realidad, lo que se conoce como una versión "improved". Sin embargo, esta mejora no le pareció suficiente a Weatherby y lanza, en 1953, el controvertido .378 Weatherby Magnum, con lo que su .375 comienza su camino hacia el olvido. El .378 Weatherby Magnum tiene una vaina mucho más grande y una potencia considerablemente mayor. Sin embargo, la impresionante balística que mostraba el .378 en los papeles, chocaba con los problemas que encontraba en los campos de caza africanos. Pocos proyectiles tenían la resistencia necesaria para soportar estas mayores velocidades, produciendo fallas de penetración en situaciones peligrosas. Finalmente, la mayoría de los cazadores y guías africanos siguió prefiriendo la seguridad del calibre de Holland &Holland o, en caso de cambiar, pasarse directamente al .458 Winchester Mag., en busca de mayor potencia.

A pesar de todo este verdadero tsunami de nuevos calibres .375 de Remington, Ruger, etc., todavía cuando se habla "un .375" todos saben que nos estamos refiriendo al viejo calibre de Holland & Holland.

## Algunos usuarios famosos

El .375 Holland & Holland Magnum es uno de los "grandes calibres" de mayor popularidad a nivel mundial. La mayoría de los cazadores comerciales del África colonial lo utilizó en alguna ocasión y fue utilizado incluso por cazadores que nunca pensaron siquiera ir a África.

Toni Sánchez Ariño, cazador profesional español, incluido dentro del selecto grupo de Grandes Cazadores de Marfil, poseía dos rifles de este calibre, uno de los cuales tenía gatillo al pelo y mira óptica.

Estas características facilitaban los tiros largos, cuando eran necesarios, como por ejemplo, para rematar algún animal herido previamente por sus clientes.

En su libro "Marfil", Sanchez Ariño, comenta que Harry Manners, de Mozambique, había cazado unos mil elefantes con su .375 H&H Magnum. Pero se apura a hacer notar que el hecho de no utilizar puntas de 400 grains (como el .416 Rigby), lo hace poco recomendable para cazar elefantes en zonas boscosas, con poca visibilidad. En el mismo libro, cuando enumera las armas utilizadas por sesenta cazadores profesionales de África, sólo dos utilizaron el .375 H & H Mag., mientras que siete prefirieron al .416 Rigby.

Otro notable usuario de este calibre fue John "Pondoro" Taylor, uno de los más famosos cazadores y furtivos del África colonial y postcolonial. Pondoro tenía una excelente opinión de este calibre y lo utilizaba incluso en zonas espesas de bosque aunque también considerando que le faltaba poder de parada para cazar en zonas de baja visibilidad. Creía que era el calibre ideal para todo, tanto que, según escribe, un cazador con un rifle doble calibre .375, estaba perfectamente armado para la fauna africana (con la limitación comentada). De hecho, dice que sólo recuerda un caso en el que necesitó más de un disparo de .375 H & H Magnum para abatir un animal.

Aunque era un fanático del .270 Winchester, también el famoso escritor norteamericanos Jack O´Connor, utilizó un .375 Holland & Holland Magnum en su cacería africana, utilizándolo para cobrar las piezas mayores.

## Consideraciones balísticas

Sin duda, se puede decir que su mayor virtud es la de ser un calibre equilibrado, entre los más potentes. El .375 Holland & Holland Magnum une una potencia más que suficiente para la mayoría de la fauna mundial, con una trayectoria razonablemente tendida y una excelente precisión lo que, sumado a un retroceso aceptable (considerando sus prestaciones), lo que lo hace un calibre excelente.

A modo de ejemplo del respeto que supo ganarse este calibre en África, cabe comentar que cuando comenzaron a reglamentarse los calibres de caza en los diversos países africanos, se estableció que para cazar elefantes, el calibre mínimo debía ser de .400 pulgadas, con una excepción. El único calibre de menor diámetro que podía utilizarse era el .375 Holland & Holland Magnum.

Por un lado, teniendo en cuenta las limitaciones comentadas, el .375 Holland & Holland Mag., es un calibre capaz de matar cualquier animal que camine por el planeta. Por supuesto, sus prestaciones son inferiores a las del .416 Rigby o el .458 Winchester Magnum, pero por otro lado, como su retroceso también es menor, es mucho más fácil de manejar para el cazador promedio. Lo que redunda en una mayor precisión.

Su trayectoria es excelente para caza mayor en la mayoría de las circunstancias. Con puntas de 300 grains nos da una trayectoria similar a la de, por ejemplo, el .308 Winchester con punta de 180 grains, si ambos utilizan puntas de similar balística. Esta trayectoria es más que suficiente para cazar hasta los 200 m.

Los tres pesos de punta clásicos de Holland & Holland para su .375 Magnum eran 235 grains, 270 grains y 300 grains, pensados para ser utilizados en la variada fauna que las colonias británicas ofrecían a principios

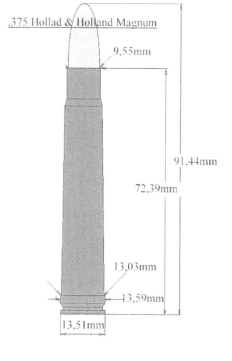

.375 Hollad & Holland Magnum

9,55mm

91,44mm

72,39mm

13,03mm

13,59mm

13,51mm

de Siglo XX. Holland & Holland cargaba inicialmente toda su munición con la misma carga en forma independiente del peso de punta utilizado. Esta carga de 60 grains de pólvora sin humo desarrollaba unas velocidades iniciales de 2.500 pies/seg. para el caso de la punta de 300 grains; 2.650 pies/seg. para la de 270 grains y 2.800 pies/seg. para la de 235 grains. Posteriormente se elevó la velocidad de este último proyectil a 2.900 pies/seg. Aumentando la carga de pólvora para mejorar su performance y prestaciones.

Calibres para fauna pesada.

.458 Win. Mag. · .45-70 Gov. · .444 Marlin · .375 H&H Mag. · .35 Whelen

Gracias a que toda la munición utilizaba la misma carga de pólvora, el .375 H&H Magnum era famoso por su capacidad de impactar en el mismo lugar con cualquier peso de punta. Esta era una virtud nada despreciable, sobre todo para los rifles dobles que son tan sensibles la munición que disparan. Es decir que se podía utilizar distintos pesos de punta sin cambiar la regulación de miras.

Si bien el retroceso del .375 Holland & Holland Magnum es considerablemente mayor al de los fusiles no magnum, este puede manejarse perfectamente con un poco de entrenamiento y algunos trucos. Algunos tiradores dicen que el retroceso del .375 H&H Magnum se puede manejar porque es menos violento que el de otros calibres Magnum como, por ejemplo, el .300 o el .338 Winchester Magnum, pero esto es difícil de demostrar.

Cabe aclarar que hay muchos otros factores, además del calibre, que afectan la forma en que percibimos el culatazo y resulta conveniente tenerlos en cuenta a la hora de elegir un fusil de este calibre. El peso de cualquier rifle debe estar de acuerdo con su calibre. Un rifle liviano es una delicia para caminar la cordillera, pero será una pesadilla cuando intentemos calibrar la mira en el polígono. Una buena cantonera de goma, de la mayor superficie posible, ayuda también a absorber y distribuir la fuerza del retroceso. Un fusil .375 H&H Magnum bien diseñado será más placentero, para tirar, que un .300 Magnum que tenga un diseño desafortunado de culata o una cantonera de goma de mala calidad.

## Los rifles

El rifle más tradicional en este calibre es el Modelo Magnum de Mauser y sus derivados. Este modelo poseía el puente cuadrado distintivo y su acción era más larga que la convencional. La gran limitación de este calibre para ser utilizado en rifles comunes es su largo, ya que no entra en el cargador de las acciones Mauser, y similares, más populares. Es por eso que Mauser ofrecía esta acción denominada Magnum más larga. De la misma manera, la mayoría de los fabricantes que ofrecen este calibre en sus líneas, tienen una acción especial, más larga que la estándar para el mismo.

Muchos fusiles Mauser deportivos y militares fueron y son reformados para disparar el .375 H&H Magnum. Para ello, debe alargarse el cargador y la forma en que esto se realice puede comprometer la seguridad y funcionamiento del rifle. Esta reforma puede hacerse "hacia adelante" o "hacia atrás". La primera es la más fácil y económica, pero, en opinión de muchos expertos, la menos recomendable. El problema de la "reforma hacia adelante" radica en que para realizarla, debemos trabajar sobre la rampa por donde suben los cartuchos para introducirse en la recámara. Esta rampa, no es otra cosa que el apoyo del tetón inferior, uno de los dos que resisten toda la presión del disparo. Esto le quita fortaleza y resistencia al rifle. De la misma manera, al limar la rampa, esta se hace más empinada dificultando la carga de los cartuchos.

Hay que alargar la acción de los fusiles Mauser para poder disparar el .

La reforma "para atrás" es más complicada pero, a la vez, más segura. Además de alargar el cargador hacia atrás, debemos reformar el tope trasero del recorrido del cerrojo para que este llegue a tomar los cartuchos del almacén cargador. Es decir que el recorrido del cerrojo será mayor. Esta reforma es bastante complicada y costosa en la mayoría de las acciones Mauser 1898, debido al sistema de traba de la tapa del cargador. En los Mauser 98 este es un mecanismo interno y debe ser eliminado si queremos reformar "hacia atrás". En el Modelo 1909 y otros similares, el mecanismo de traba está en el arco guardamonte y no interfiere al alargar el cargador hacia atrás.

Aunque el .375 Holland & Holland Magnum fue diseñado originalmente para ser utilizados en rifles Mauser a cerrojo, es uno de los calibres sin reborde más utilizado en rifles dobles de todo origen. El uso de munición con reborde es la única garantía de una segura extracción en ese tipo de armas. Todos los primeros cartuchos desarrollados durante el Siglo XIX tenían reborde, para facilitar su extracción de la recámara. Los cartuchos sin reborde surgen más tarde para ser utilizados en rifle a repetición, porque los cartuchos con reborde se trababan en el almacén cargador. Usar un calibre sin reborde en un rifle doble complica mucho la extracción y obliga a diseñar un sistema de extracción especial. Tal fue la popularidad del .375 H&H Mag. que muchos fabricantes lo ofrecían en casi todos sus modelos, no solo a cerrojo, sino también dobles y monotiro.

**.270 Winchester**
**Página 45**

# .44-40 Winchester

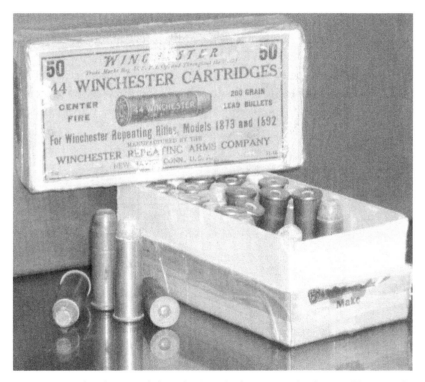

Durante más de un siglo el .44-40 fue uno de los calibres más populares en nuestro país, así como en casi toda América del sur. A pesar de haber perdido gran parte de esta popularidad en las últimas décadas con el desarrollo de calibres más potentes, aún cuenta con un gran número de seguidores.

## Historia

Podemos decir que todo comenzó hace muchos años, a mediados del Siglo XIX, cuando un par de arriesgados empresarios norteamericanos diseñan en una novedosa arma a repetición que disparaba un cartucho sin vaina. Unos años después de su visita a la Feria Internacional de Paris, en 1851, donde supieron e los primeros calibres de fuego anular (Capítulo 1).

Corría el mes de Febrero del año 1854 cuando Horace Smith y Daniel B. Wesson, (si los famosos Smith & Wesson) patentan su revolucionaria pistola a repetición con cargador tubular. Esta pistola, a pesar de sus limitaciones, cambiaría el mundo de las armas para siempre. Denominada Volcanic, tenía muy poca potencia y no era muy práctica, pero se convertiría un hito fundamental en el desarrollo de las armas de fuego en el hemisferio norte. Su munición calibre .41 llevaba una pequeña carga de pólvora y el fulminante en su base hueca.

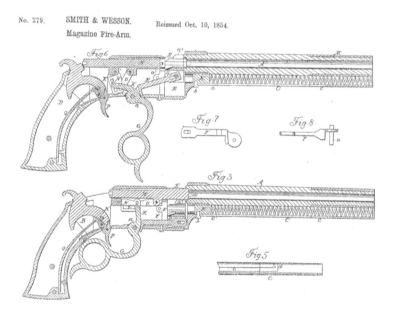

No. 279.     SMITH & WESSON.     Reissued Oct. 10, 1854.
             Magazine Fire-Arm.

Para 1855 se crea la Volcanic Repeating Arms Company para producirlas, pero las ventas no resultaron las esperadas y el negocio no andaba bien. Se agregaron entonces otros inversores para intentar rescatar el proyecto. Uno de ellos, era un fabricante de camisas que en 1857 compró una porción mayoritaria del capital. Oliver Winchester, este inversor, tenía buen olfato para los negocios y se convirtió en presidente de la firma, que cambió de nombre a New Heaven Arms Company.

En el año 1860, el superintendente de New Heaven Arms Company, B. Tyler Henry, patentó un rifle mejorando el diseño de la Volcanic y adaptándolo a un cartucho más potente de fuego anular. Este cartucho, conocido como .44 Henry, sería la base para toda una familia de calibres. Tenía una punta con lubricación externa de 216 grains, que era impulsada por una carga de 26 grains de pólvora negra. Este rifle comenzó a fabricarse bajo su propio nombre y hoy es conocido como el Henry 1860. Debido a su éxito, fue un arma que tuvo un rol importante en el desarrollo de las armas de fuego y también jugó un papel importante en la Guerra de Secesión Norteamericana.

A pesar del excelente mecanismo del Henry, su sistema de carga era frágil y complicado, por lo que Winchester decide cambiarlo por el sistema de carga patentado por King. Este es el mismo cargador que aún hoy se utiliza en todos los rifles Winchester a palanca, con una ventana de carga sobre el lateral derecho. Este nuevo rifle, conocido como Winchester 1866, tuvo mayor popularidad e incluso fue utilizado por algunos ejércitos como el turco. Las tropas turcas armadas con fusiles Winchester 1866 causaron increíbles bajas a los rusos en la batalla de Plevna.

Ambos rifles estaban recamarados para el calibre .44 Henry, que comenzó a ser utilizado por otros fabricantes, adaptando sus armas a este nuevo calibre y a producir además sus propios calibres .44.

En 1870, Smith & Wesson lanza su propio .44 adaptado a su revólver Modelo N°3, este calibre es conocido como .44 American. Es un calibre similar al .44 Henry pero de fuego central, es decir que el fulminante se ubicaba en el centro de la base del cartucho, en vez de en el reborde, lo que permitía cargas más fuertes de pólvora. Simultáneamente Colt producía otro calibre idéntico para las conversiones a retrocarga de su Modelo Army, al que denominó, con poca originalidad, .44 Colt.

A estos desarrollos le siguió el .44 Russian de Smith & Wesson, un calibre mejorado y más potente, para ser usado en los revólveres N°3 encargados por el Zar de Rusia. Como novedad, el Russian no tenía las ranuras de lubricación del proyectil expuestas como los anteriores, sino que el proyectil estaba dentro de la vaina, protegiendo así el lubricante.

Todos estos calibres aunque eran mejores al .44 Henry, compartían con este su baja carga de pólvora y su exigua potencia. Por ello, a pesar de todos sus logros en el campo deportivo y en el militar del .44 Henry, Winchester decide mejorarlo. Así, rediseña su Modelo

1866, reforzándolo y adaptándolo a un nuevo cartucho más potente de fuego central. Nace así el .44-40 W.C.F., Winchester Center Fire (Winchester de fuego central) y el mítico Winchester Modelo 1873.

El .44-40 W.C.F. fue el primer calibre de Winchester de fuego central y se convirtió, en nuestro país y durante mucho tiempo, en sinónimo de Winchester. Como su nombre indica utiliza una carga de 40 grains de pólvora negra para impulsar un proyectil de 200 grains. Durante un tiempo hubo dos cargas distintas con sus respectivas denominaciones, por un lado el .44 W.C.F. con punta de 200 grains y por otro el .44-40 con proyectil de 217 grains que desarrollaba una velocidad apenas inferior al anterior. En su larga historia, el .44 Winchester recibió muchos nombres como 44-40, W.C.F., .44 XL, .44 Colt Lightning Magazine Rifle, .44 Marlin, .44 Remington, etc..

Otro punto culminante en el desarrollo de este calibre fue la introducción del famoso Winchester Modelo 1892, diseñado por John Browning. Este rifle, con un diseño innovador, era mucho más fuerte y resistente que el Modelo 73 y por ello hizo posible las siguientes mejoras en el calibre. En el catálogo N°55 de Winchester (Agosto de 1895) aparecen las primeras cargas de pólvora sin humo que desarrollaban mayor velocidad que las de pólvora negra. Estas cargas se identifican por poseer la letra W dentro de un círculo en el fulminante. Un año después U.M.C. introduce sus propios cartuchos de pólvora sin humo que poseían una U estampada en el fulminante como identificación. Con el tiempo también se fue adaptando a nuevas tecnologías y se cargó con puntas encamisadas, además de las de plomo desnudo.

En 1903 aparece otra mejora, la munición W.H.V (Winchester High Velocity), munición de alta velocidad, en cuyas cajas se indicaba que no debían utilizarse en rifles Modelo 73 ni en revólveres, debido a que desarrollaban mayores presiones que las viejas cargas de pólvora negra. U.M.C., como siempre, ofreció su propia munición de alta velocidad un tiempo después.

Cabe aclarar que las cargas actuales del .44-40 son más suaves que las de principios del Siglo XX, esto es en general debido al uso de pólvoras más rápidas. Con la popularización de las competencias de tiro ambientadas en el estilo "cowboy", llamadas "Cowboy Action Shooting", se están ofreciendo cargas aún más livianas y puntas de 225 grains.

## Consideraciones balísticas

El .44-40 Win. a pesar de sus limitadas prestaciones fue ampliamente utilizado tanto en el campo deportivo como en el militar. Aunque llegó un poco tarde a la famosa Conquista del Oeste Norteamericano, sin duda ayudó a afianzarla.

El .44-40 Winchester utiliza una vaina con reborde, levemente abotellada. La mayor ventaja del .44-40, ventaja que compartía con sus hermanos el .32-20 y el .38-40, es la posibilidad de utilizar la misma munición en rifle y arma corta. Unos años después de su introducción junto con el Modelo 73, Colt ofrecía su modelo Single Action Army en estos tres calibres. De esta manera, el usuario podía disponer de la munición cómo quisiera sin necesidad de llevar dos tipos distintos de cartuchos.

El .44-40 participó en un sinnúmero de revoluciones en Sud América, en la Revolución Mejicana y en la Guerra Civil Española. Incluso fue utilizado por las fuerzas armadas británicas en la Segunda Guerra Mundial. Luego de la derrota en Dunkerque, el

Reino Unido se vio casi sin armamento al abandonarlo todo en la retirada. Para reponer el stock de armamento, el Reino Unido envió agentes a comprar armamento por todo el mundo. Así, compraron nuestra Ballester Molina, pero también carabinas Winchester modelo 92 y Remington modelo 14 ½ ambos en calibre .44-40. Cabe aclarar que estas armas fueron de dotación de guardacostas y milicias de reserva.

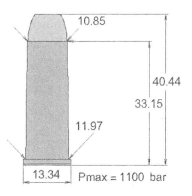

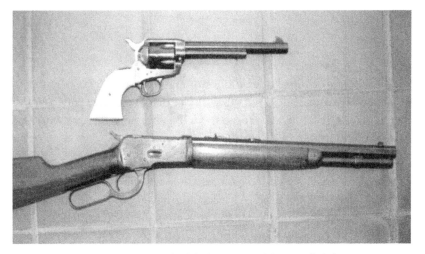

También tuvo alguna popularidad como calibre policial, tanto como custodios de caudales, como en las cárceles debido a la facilidad de uso y practicidad de las carabinas .44-40. Algunas policías provinciales de Argentina y el ferrocarril, estuvieron provistas de carabinas Winchester Modelo 1892 en calibre .44-40, a principios del Siglo XX.

Como calibre de caza era poco potente aunque en nuestro país fue considerado excelente por muchos años hasta la popularización de los fusiles tipo Mauser. En el campo argentino hay dos armas clásicas para cazar chanchos, el Winche 44" y el "Colt caballito 38". A pesar de que hoy ambos son considerados insuficientes para caza mayor, fueron utilizados durante años.

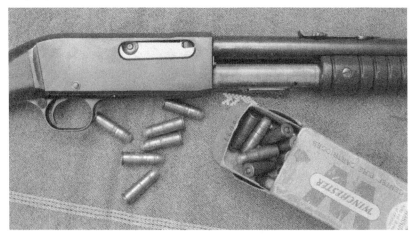

El .44-40 es un calibre que se desempeña más que decorosamente, bajo ciertas condiciones, a corta y media distancia mata muy bien y, con ayuda de recargas cuidadosas, su balística se arrima mucho a la balística del famoso .44 Remington Magnum.

Un detalle interesante a considerar del .44-40, es el diámetro del proyectil. La mayoría de los calibres de la familia del .44, es decir el .44 Russian, .44 Special y el .44 Remington Magnum, utilizan puntas con un diámetro de 0,429 a 0,431 pulgadas (10,89mm a 10,95mm). El .44-40, por otro lado, utiliza puntas de 0,426 pulgadas (10,82mm). Esta diferencia puede parecer muy pequeña, pero, en ocasiones produce problemas de precisión.

## Armas

Muchos fabricantes desarrollaron modelos para este calibre dada su popularidad. Por supuesto están los nombrados Winchester 73 y 92, así como el Remington Modelo 14 1/2 de su clásico competidor.

Marlin tenía sus propios modelos a palanca para competir con Winchester, así como muchos fabricantes europeos. Por ejemplo, en España, Gárate, Anitua y Cia., fabricaban una copia casi exacta del Modelo 92. Paradójicamente, muchos de estos rifles terminaron en Hollywood en manos de actores y extras de los films denominados westerns.

Por su popularidad y por poseer reborde, también fue popular en rifles combinados europeos con un caño recamarado para cartucho de escopeta y otro para el .44-40.

## ¿Calibre de rifle o de revólver?

No es una pregunta fácil de responder. Por su origen, es indudablemente un calibre de arma larga, adoptado luego por armas cortas. Sin embargo, considerando sus prestaciones, se ubica mejor como calibre de arma corta. Los revólveres .44-40 Win. poseen una potencia respetable dentro del rango de calibres de arma corta disponibles en el mercado. Constituye un excelente calibre de defensa como supo demostrar en sus casi 140 años de existencia.

## Conclusiones

El .44-40 Win. es un excelente calibre dentro de sus limitaciones. Recordando que ya pasó los 140 años y, por ello, es uno de los calibres de fuego central más antiguos.

**.303 British**
**Página 105**

# .44 Remington Magnum

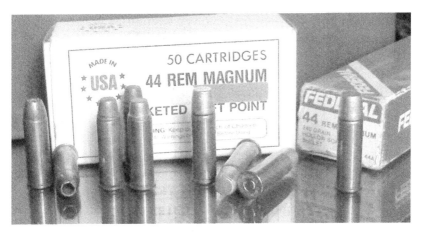

Fue una vez el calibre de arma corta más potente del mundo y hoy sigue siendo uno de los calibres más populares y famosos gracias al notable equilibrio entre sus prestaciones, retroceso y efectividad. Aunque en su momento el desarrollo del .44 Remington Magnum demandó un esfuerzo tecnológico considerable, hoy podemos ver que su creación era inevitable dado el éxito que había logrado el .357 Magnum. Pero ese desarrollo no fue tan simple ya que insumió 21 años.

## Historia

El famoso escritor y cazador norteamericano Elmer Keith, promotor del nacimiento del .357 Magnum, tuvo también un papel central en la creación del .44 Remington Magnum. La historia según la cuenta Elmer Keith en el suplemento de su famoso libro "Sixguns" es más o menos así:

En septiembre de 1953 Keith pasó un tiempo con C.G. Peterson, de la Remington, en Camp Perry (Ohio), tratando de convencerlo de que esta firma sacara al mercado una carga fuerte para el .44 Spl., basada en sus experimentos, al igual que había hecho con el .38 Spl. de los revólveres .38-44. Como consecuencia de estas conversaciones fue invitado a la fábrica de Remington para mostrar sus recargas.

En forma paralela al desarrollo del .357 S & W Magnum, Keith había probado cargas fuertes en los revólveres Smith & Wesson calibre .44 Special, conocidos como "triplelock" o triple cierre. Estas cargas experimentales desarrollaban más presión que las estándar y resultaban, según Keith, mucho más efectivas que las fuertes de .38-44 Special e incluso más que las del nuevo .357 Magnum.

La elección del calibre .44 no fue arbitraria ya que también realizó ensayos con cargas fuertes en el .45 "Long" Colt. Estas últimas presentaban problemas; como los revólveres .44 Special y .45 Colt tenían el mismo tamaño y diámetro de tambor, el espesor de la pared de la recámara de los .45 era menor al de los .44. Luego de sufrir el reventón de un tambor de .45 abandonó ese calibre para concentrarse en el desarrollo del .44 Special.

Según Keith los directivos de Remington quedaron muy impresionados con los resultados obtenidos por Keith. Sin embargo, temían que esas cargas fueran utilizadas en revólveres viejos, con resultados desastrosos. Keith cuenta que les sugirió tomar las mismas medidas de seguridad que se habían tomado en el caso del .357 Magnum, es decir alargar la vaina un octavo de pulgada (3,2mm)

.44 Russian   .44 Special   .44 Rem.Mag.

para evitar que la nueva munición pudiera ser disparada en revólveres viejos.

Claro está que la nueva munición necesitaría nuevas armas que pudieran dispararla. Para ello recurrió a Smith & Wesson quienes le aseguraron que eran capaces de fabricar un revolver para disparar la nueva munición de Remington. Nada más se dijo por unos años.

En enero de 1956, sigue Keith, Smith & Wesson le envió uno de los dos primeros revólveres en el nuevo calibre, el otro fue para el general Hatcher, otro famoso experto. Junto con el arma, Remington le envió la munición correspondiente para que hiciera las pruebas correspondientes. Keith realizó exhaustivos ensayos que incluyeron sus famosos tiros a más de 500 yardas (457 m) sobre piedras y presas.

Keith tuvo algunas críticas para esta primera tanda de munición ya que no le gustaba el diseño de la punta y la velocidad era un poco menor a la publicada. Entonces, Keith desarrolló sus propias cargas para el nuevo .44 Remington Magnum llegando a la que hoy es conocida carga Keith compuesta por 22 grains de pólvora 2400 y punta semiwadcutter de 250 grains. Como siempre hay quien discute la participación de Keith en el desarrollo del .44 Magnum.

## El primer .44 Magnum

Mientras Smith & Wesson estaban perfeccionando sus prototipos del .44 Magnum, dos de los cuales, como vimos fueron enviados a Keith y a Hatcher, Ruger se enteró de alguna manera que un nuevo calibre estaba por salir. De qué manera lo supo, no está muy claro, la teoría con más adeptos es la que dice que uno de los empleados de Ruger encontró unas vainas y se las llevó a Bill Ruger. Otra teoría dice que algún empleado de Remington le proveyó a Ruger de la munición del .44 Remington Magnum.

Es así que Ruger presenta su Modelo BlackHawk en calibre .44 Rem. Mag. antes que Smith & Wesson pudiera presentar su Modelo 29. Según cuenta Keith, Bill Ruger se presentó en la convención del N.R.A (National Rifle Association) de 1956 con tres revólveres de simple acción. Hechos sobre el armazón de los Ruger BlackHawk, el tambor era muy corto y el espesor de las paredes de las recámaras demasiado fino, para cargas fuertes de .44 Magnum, cosas que Keith no calló. Bill Ruger le ofreció un revólver para pruebas ni bien terminara la convención, aunque finalmente el préstamo no se concretó, comprometiéndole un envío posterior. Antes de dicho envío Ruger hizo unas pruebas de tiro con uno de los revólveres que reventó confirmando los pronósticos de Keith, que de eso algo sabía. Ruger tuvo de rediseñar el revólver reforzándolo hasta convertirlo en uno de los mejores revólveres del calibre. La versión definitiva tomó el nombre de Super Black Hawk, nombre que tampoco le gustó a Keith.

Mientras tanto, Smith & Wesson terminó el desarrollo de su Modelo 29, uno de los íconos del calibre. Los primeros revólveres fueron hechos casi a pedido ya que la demanda superaba holgadamente la capacidad de fabricación de Smith & Wesson.

La llegada del .44 Remington Magnum destronó al .357 Magnum de su sitial de honor. Sin embargo, poco le duró el primer puesto al .44 Remington Magnum, ya que en noviembre de 1957 se anuncia en la revista norteamericana Guns & Ammo la creación del .454 Casull, aunque solo como calibre wildcat. Recién en 1983 apareció el primer revólver comercial en este calibre.

En 1959, Bill Ruger vuelve a meterse en el mercado, adelantándose a los demás fabricantes, al introducir su carabina semiautomática calibre .44 Remington Magnum, justo antes que Marlin lanzara una carabina a palanca en este calibre. Al ofrecer un revólver y una carabina del mismo calibre, Ruger pretendía recrear el concepto de una sola munición para ambas armas como vimos en la nota sobre el .44-40.

## La Fama

El Smith & Wesson Modelo 29 y su calibre gozaron de cierta popularidad en los primeros años, sin ser un gran éxito. Sin embargo, el cine vino a darle un inesperado el empujón, que lo convertiría el arma más deseada y buscada de los 70. Esto ocurrió cuando fue elegida como el arma inseparable del inefable inspector Harry Callahan, más conocido como Harry "el sucio". Papel desempeñado el actor Clint Eastwood, en las cinco películas de la saga, que se convirtieron en films de culto. En el primer film de la serie, puede verse a Callahan y a su M29 en una escena antológica cuando, con la mayor tranquilidad, detiene la fuga de unos ladrones de banco armado solo con su Smith & Wesson, mientras mastica despreocupadamente un pancho. Parado en el medio de la calle derriba al primer ladrón y enfrenta al auto de los ladrones en fuga. Con varios disparos lo desvía y el vehículo termina chocando contra un surtidor de agua, donde vuelca. Harry, sin perder la calma, derriba otro ladrón que huye del auto volcado y finalmente desarma al último ladrón con un antológico monólogo donde le recuerda que le está apuntando con el revólver más potente del mundo.

Esto inició algunos mitos del .44 Remington Magnum como el de que era capaz de detener un auto porque atravesaba el block del motor o de arrancarle la cabeza a una persona de un solo disparo.

## Consideraciones balísticas

El .44 Remington Magnum es un gran calibre. Su relación potencia retroceso es excelente, aunque está casi al límite de lo que puede soportar el tirador normal, con un mínimo de entrenamiento, cualquiera puede tirar con un revólver .44 Remington Magnum. Pero no debemos perder de vista que el retroceso de este calibre es bastante mayor al del .357 Mag. y por ello demanda una mayor preparación para evitar los gatillazos debidos a la aprehensión que causa en algunos tiradores.

El .44 Remington Magnum forma parte del grupo de los calibres de alta eficiencia en el uso del

.44 Rem.Mag

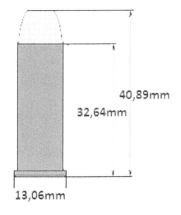

40,89mm
32,64mm
13,06mm

propelente. Gracias a la relación entre el volumen de la vaina, el calibre y la presión que desarrolla, utilizan menos pólvora para lograr una determinada energía. La carga clásica desarrollaba 1.450 pies/seg. con punta de 240 grains, pero las posibilidades son mucho más amplias ya que podemos disparar puntas de entre 180 y 325 grains. Esto es muy interesante en lo teórico, pero en lo práctico, el diseño y forma de la punta es mucho más importante a la hora de su efectividad balística.

A pesar de sus excelentes prestaciones como calibre de arma larga, el .44 Remington Magnum no ha tenido una merecida difusión a nivel mundial. Sin embargo, en Sud América ha reemplazado casi completamente al clásico .44-40 Winchester, como calibre de caza mayor en zonas de monte cerrado donde los tiros son a corta distancia. El .44-40 Win., tal como vimos, es un calibre de limitada potencia, si lo comparamos con el Magnum, pasa vergüenza.

Podemos decir que todos los animales que caminan sobre la tierra han sido cazados con .44 Remington Magnum, Larry Kelly, famoso cazador e inventor del sistema de freno de boca Mag-Na-Port, cazó todo tipo de trofeos con este calibre. Incluso fue el primero en cazar un elefante con este calibre utilizando puntas de alta penetración de tungsteno.

## Armas

Enumerar todas las armas de este calibre sería sumamente aburrido, así que repasaremos solo algunas. Los modelos de arma corta disponibles en el mercado son de lo más variado. Desde los clásicos

Smith & Wesson M29 y M629 (de acero inoxidable) con un variados número de largos de caño, pasando por los cuatro modelos de Ruger y el Anaconda de Colt, hasta llegar a la Desert Eagle una enorme semiautomática. Un revólver curioso en este calibre es el Dan Wesson que posee caños intercambiables de distinto largo. Una característica que, aunque parece muy interesante, nunca llegó a popularizarse. Más cerca tenemos, desde Brasil, los revólveres Taurus a precios muy razonables. También hubo otros fabricantes con clones del Colt simple acción en este calibre, como el Cattleman entre otros. Otra opción que no logró gran popularidad fue el monotiro de Contender de Thompson Centre.

En general, los revólveres .44 Remington Magnum son considerablemente voluminosos y pesados, pero esto lejos de ser una desventaja ayuda mucho a paliar el fuerte retroceso del calibre. Hay por supuesto algunas excepciones como el modelo Mountain de Smith & Wesson, con caño corto o los de Titanio, pensados para portar mucho tiempo y tirar poco.

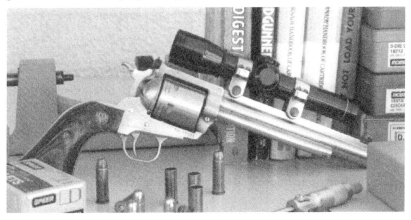

La gran mayoría de rifles recamarados para el .44 Remington Magnum son modelos a palanca. Por un lado tenemos el clásico Winchester 94, que aunque originalmente era calibre .30-30 con posterioridad se adaptó muy bien al .44 Magnum. A pesar de que en Argentina son muy comunes los rifles Winchester 1892 reformados a calibre .44 Remington Magnum, esta firma los fabricó solo como series limitadas.

Algunas firmas como Browning ofrecieron copias del 1892 en el calibre que nos ocupa. También Marlin tiene algunos palanqueros en este calibre. El Ruger semiautomático calibre 44 Remington Magnum es muy popular en Europa, donde son muy buscados para las moterías donde los tiros son a corta distancia y a la corrida. En esas circunstancias el semiauto de Ruger tiene un desempeño excepcional.

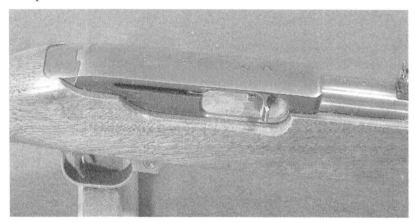

Hay además algunos rifles monotiro como el Rossi brasilero o el Harrington & Richardson norteamericano.

## Conclusiones

El .44 Remington Magnum es sin duda uno de los mejores calibres para caza mayor con arma corta. Hay calibres más potentes, pero a costa de mayor retroceso y fogonazo que no todos pueden manejar. Es además, un excelente calibre de rifle, si estamos dispuestos a aceptar sus limitaciones que no son tantas.

**7mm Remington Magnum**
**Página 65**

# .45 ACP (Automatic Colt Pistol)

En el mundo de las pistolas, hasta hace pocos años, cuando se hablaba de calibres, era el 9x19mm o el .45 ACP. Nacidos casi al mismo tiempo fueron competidores durante casi un siglo, hasta que aparecieron otros calibres que suscitaron interés como el 10mm y el .40 S&W.

Famoso como "man stopper" o calibre con poder de parada, el .45 ACP sigue siendo uno de los calibres de pistola preferido por los usuarios.

## Historia

Conocido popularmente como .45 ACP, su nombre corresponde a las siglas de Automatic Colt Pistol, ya que fue especialmente diseñado para la pistola que Colt quería presentar a las fuerzas armadas de los EE.UU. a principios del Siglo XX, la famosa Colt 1911.

A fines del Siglo XIX las fuerzas armadas de los EE.UU. habían cambiado sus viejos Colt .45 de simple acción por modernos revólveres calibre .38 de doble acción. Esto entraba dentro de las nuevas tendencias de calibres cada vez menores, que llegó al imites increíbles con calibres 5mm de pistola. Sin embargo, esta moderna combinación del .38 Long Colt mostró muy mal desempeño en la Guerra entre EE.UU y Filipinas (1899–1902), ya que no tenía potencia suficiente para detener el ataque los fanáticos moros.

Browning había empezado sus pruebas de armas automáticas en 1889, transformando un Winchester modelo 1873, a palanca al sistema automático por acción de gases del caño, que eventualmente evolucionó en una ametralladora fabricada por Colt en 1895.

Considerando la experiencia ganada en Filipinas, entre octubre de 1903 y mayo de 1904, se realizaron extensas pruebas con animales y cadáveres humanos, en busca de un nuevo calibre para las fuerzas armadas norteamericanas. Se disparó con gran número de calibres sobre vacas y cadáveres, controlando el efecto que cada uno producía. De estos ensayos, el ejército y la caballería norteamericanos establecieron que el .45 pulgadas debía ser el calibre mínimo para lograr un adecuado "poder de parada".

Al mismo tiempo, Browning estaba trabajando en una pistola calibre .41 para Colt. Ante esta novedad Browning rediseñó su pistola para adaptarla a un nuevo cartucho calibre .45" propio, el resultado fue la Colt Modelo 1905 y el nuevo .45 ACP.

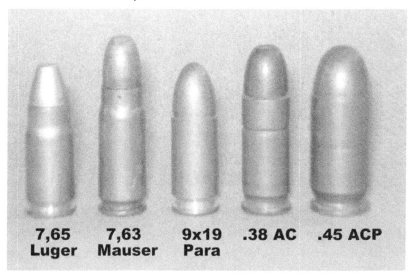

En 1906 comenzaron las pruebas y, además de la pistola de Browning, se presentaron otras pistolas de Colt, Savage, Knoble, Bergmann, White-Merrill, Smith & Wesson e, incluso la D.W.M. presentó la famosa Luger, en calibre .45. De estos ensayos, solo la pistola de Browning, la Luger y la Savage fueron elegidas en 1907, para seguir las pruebas. La munición original usaba un proyectil de 200 grains a 900 pies/seg., pero después de unas pruebas se cambió a 230 grains con una velocidad en la boca de 850 pies/seg. Es de notar que el .45 ACP tenía potencia similar a otros dos calibres utilizados por la caballería norteamericana, el .45 Schofield y el .45 Colt con la ventaja de ser un cartucho más corto y poder dispararse desde una pistola semi-automática.

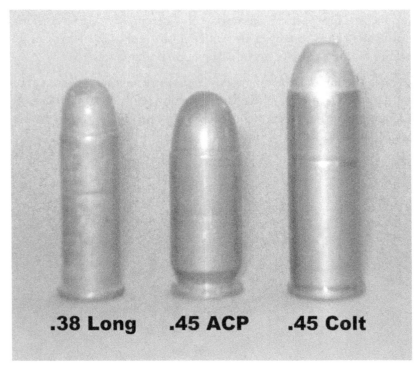

**.38 Long     .45 ACP     .45 Colt**

Los ensayos siguieron en 1910 y eventualmente la Colt de Browning fue adoptada en 1911. Dentro de estas pruebas, había un "torture test", es decir un test de tortura donde cada pistola debía efectuar 6000 disparos, en tandas de 100 tiros con cinco minutos de descanso para que se enfriara. Cada 1000 tiros se limpiaba y lubricaba la pistola.

El calibre y la pistola fueron adoptados en 1911, bajo la denominación "Cal. .45 Automatic Pistol Ball Cartridge, Model of 1911" y la primera partida salió del Frankford Arsenal, en Agosto de 1911.

## Curiosidades

Colt siempre fue muy celoso de sus patentes y solo en dos ocasiones permitió que algún país fabricara la famosa M1911 fuera de sus fronteras, estos países fueron Noruega y Argentina.

El caso de Noruega fue muy particular ya que durante los años de ocupación Nazi se continuó la fabricaron pistolas, por lo que el .45 ACP figura dentro de los calibres utilizados por Alemania.

En Argentina se fabricó la Colt M1911 A1 con el nombre de Modelo 1927 o Sistema Colt Modelo 1927. Argentina empezó a usar la Colt 1911 en 1916 como reglamentaria del Ejército y la Armada, denominada Modelo 1916. Luego fue    reemplazada por la M1911A1.

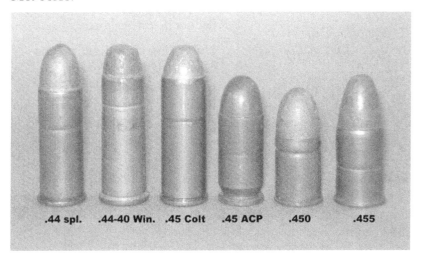

Durante la década del 20, según la Ley NAC Secreta N°: 11266/ 1923, se compraron 10.000 pistolas Colt M1911-A1 para el ejército Argentino con su propia numeración y la tecnología para producir esas mismas pistolas en la Argentina, bajo licencia Colt en 1927, de allí su denominación de Modelo 1927 o Sistema Colt Modelo 1927.

## Balística

El .45 ACP funcionó tan bien que podemos decir que es casi aburrido. Aunque existe una considerable variedad de munición, el clásico cartucho con proyectil de 230 grains a 875 pies/seg., sigue manteniendo su vigencia.

En general, se mostró como un excelente calibre militar y de defensa. En el campo militar se desempeñó tanto en arma corta

# .45 A.C.P.

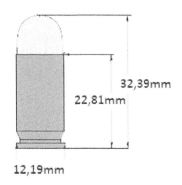

32,39mm
22,81mm
12,19mm

como larga con excelentes resultados. El único punto en contra era su excesivo peso. Montando un proyectil de 230 grains, pesa casi el doble que la munición de 9x19mm con proyectil de 124 grains. Esto complicaba la logística y cargaba excesivamente al soldado armado con una ametralladora de este calibre.

Hubo alguna protesta durante la Guerra de Vietnam respecto de que los proyectiles del .45 ACP no penetraban los chalecos de algodón utilizados por las tropas vietnamitas a modo de chaleco antibalas. Problema que no ocurría con el 9x19mm Para.

## Armas

Es muy notable que no hay tanta variedad de pistolas en este calibre. Más allá de las distintas variantes de la M1911, el .45 ACP no se utilizó en muchas otras pistolas.

Aunque el .45 ACP es un calibre de pistola, sin reborde, tuvo un uso bastante amplio como calibre de revólver. Durante ambas guerras mundiales, debido a la escasez de pistolas se adaptaron muchos revólveres Colt y Smith & Wesson para este calibre. Como el .45 ACP no posee reborde, para usarlo en revólveres se recurría a una pieza metálica en forma de media luna que fijaba los cartuchos de a tres.

En los ejércitos del mundo, siempre se trató de evitar el uso de calibres distintos del reglamentario por cuestiones logísticas. Es muy difícil mantener la provisión de munición de un calibre, así que si tenemos varios calibres, la cosa se complica aún más. La idea de los revólveres calibre .45 ACP, era utilizar la misma logística para todas las armas cortas. Esto llevó, eventualmente, a la creación de una versión del .45 ACP con reborde, especialmente para revólver.

El .45 ACP logró gran fama junto con la famosa Thompson, tan vista en las películas de gansters. Su uso por parte de fuerzas policiales de todo el mundo, hasta que el 9x19mm Para, lo reemplazó gracias a su mayor practicidad.

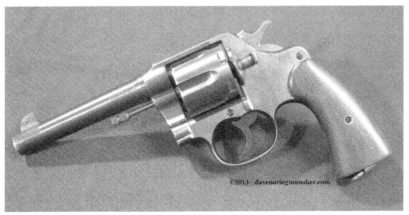

El .45 ACP, es un calibre que mantiene su vigencia a pesar de sus 104 años.

**.30-06 Springfield**
**Página 85**

# El Nombre de los Calibres

¿Quién no se ha preguntado por qué determinado calibre lleva el nombre que tiene? Algunos nombres parecen tan caprichosos que nos cuesta entender cómo a alguien se le ocurrió nombrarlo así. La gran cantidad de calibres existentes y la gran variedad de nombres elegidos para ellos, hace que leer cualquier lista de calibres sea casi como leer una guía telefónica. Parece imposible que los distintos fabricantes se pongan de acuerdo en cómo denominar a cada nuevo calibre y, por ello, llevar un registro de estos se vuelve ciertamente muy complicado. Resulta interesante entender cómo se le da nombre a los calibres y cuál es el significado de estos nombres.

Esta confusión en los nombres, produce no pocos dolores de cabeza cuando uno quiere comparar distintos calibres. Incluso se dan casos absurdos como aquella que leí hace muchos años, en una revista que se suponía era de armas, y hablaba de una pistola Colt 0,45 milímetros, supongo que sería para cazar moscas.

## Sistema en libras

Para entender la razón de utilizar estas dos formas alternativas de medir el calibre, nos tenemos que remontar al siglo XIX o aún antes. Por aquellos años todas las armas debían pasar por un proceso de prueba con cargas mayores a las que se utilizarían comunmente, antes de poder ser vendida. Esto se realizaba en instituciones especiales llamadas "Casas de Prueba" (Proof House) y era obligatorio por ley. Toda arma para poder ser vendida legalmente en los países europeos debía poseer las Marcas de Prueba correspondientes. Dentro de estas marcas estaba el calibre y, como por esos años los instrumentos exactos de medición eran muy escasos y primitivos, la medición del calibre se realizaba mediante sondas o galgas (gauges). Estas eran cilindros de diámetro determinado que se introducían en el caño. De esta manera, si entraba la sonda marcada como 12 y no la 13, el caño se marcaba como calibre 12.

Pero ¿cómo se identificaba el calibre? ¿Cómo asignarle un número?

Durante la época en que las armas eran de avancarga, Siglos XV al XIX, estas eran necesariamente de grueso calibre y por ello un método práctico que se utilizaba era el sistema de clasificación de los calibres denominado calibre en peso o libras. El calibre, en este caso, está determinado en forma indirecta, mediante un número que indica la cantidad de bolas (esferas), del mismo diámetro que el cañón, que son necesarias para conformar una libra en peso. Es decir que una escopeta calibre 16 posee un diámetro tal que dieciséis balas esféricas de ese calibre pesan una libra (0,454 Kg).

Este sistema era muy útil en las armas de la época debido a su grueso calibre, pero con la reducción de los calibres hacia fines del Siglo XIX, la cosa se empezó a complicar bastante.

Es el mismo sistema que hoy sigue utilizándose para denominar el calibre de las escopetas. Por lo general, se toma la denominación de las escopetas como números absolutos, se sabe que una 12 es de mayor calibre que una 20, pero pocos entienden que esto es porque en un caso hacen falta 12 esferas calibre 12 y en el otro 20 esferas calibre 20.

Ya hemos establecido la forma básica en que se miden los calibres de las escopetas. Al calibre por lo general se le agrega el largo del cartucho en milímetros o pulgadas, tenemos así un 12 -65mm, 12-70mm, 12-76mm que corresponden al 12 2 ½", 12 2 3/4" y 12 3", medidos en pulgadas.

## Sistema Europeo

Un sistema similar, aunque expresando las mediciones en milímetros, es utilizado en Europa Continental por los armeros y fabricantes alemanes, austriacos, italianos, etc. Se indica, el calibre y el largo de la vaina, ambos en milímetros, separados por una "x" (equis) como por ejemplo en el 7,65x54mm, el 7,92x57mm o el 7,5x55mm.

Este sistema es por lo general bastante claro y las confusiones surgen solo en algunos casos cuando dos o más cartuchos poseen el mismo diámetro de punta y largo de vaina, pero son totalmente distintos como los variados 8x57mm. Existen decenas de 8x57mm distintos que ni tiene la misma balística ni son intercambiables. Es por ello que se agrega algún otro dato como el

nombre del inventor y en el caso de las vainas con reborde, utilizadas en rifles monotiro, dobles y drillings, se agrega la letra "R". Esta diferenciación es muy importante ya que las cargas utilizadas en las versiones "R" eran usualmente más livianas que las utilizadas en cartuchos sin reborde, por ser utilizados estos últimos en fusiles a cerrojo, más fuertes que los de quebrar.

Una complicación adicional que presentan los calibres 8mm es que existen dos versiones, es decir dos diámetros de cañón con la misma denominación. Esto se debió a un cambio en los estándares oficiales de las fuerzas armadas alemanas. La más vieja de ellas conocida como 8mm "J" con un diámetro de 8,08mm (.318 en pulgadas). La más moderna, por otro lado, tiene un diámetro de 8,20mm (.323 pulgadas) y se denomina 8mm "S". Así tenemos dos versiones con la misma vaina, el 8x57mmJ (punta de 8,08mm) y el 8x57mmJS (8,20mm), ambos tienen exactamente la misma vaina, pero distinta punta.

## Sistema Norteamericano

Los fabricantes norteamericanos utilizan un sistema bastante más caótico, donde cada fabricante elige el nombre de su calibre según sus ideas, gustos, historia y estudios de mercado.

Tampoco ellos se ponen de acuerdo con la forma de denominar un mismo calibre, tenemos así calibres como el .280 Remington, el .284 Winchester y el 7mm Remington Magnum que utilizan las mismas puntas, a pesar de que sus nombres son bien diferentes. Por otro lado, algunos calibres llevan una denominación que poco tiene que ver con su calibre real. Es así que los calibres .38 en su gran mayoría poseen un diámetro de proyectil de 0,357 pulgadas, por lo que serían en realidad calibre .36". Lo mismo ocurre con el .44 Magnum que es en realidad 0,431". Esto se debe a que estos calibres nacieron con lubricación externa, similar al .22 L.R. que hoy conocemos. Al transformarlos en calibres con lubricación interna, hubo que reducir el diámetro de la punta, pero no se cambió su denominación.

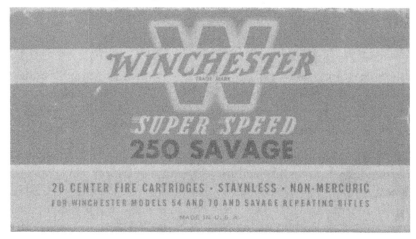

Pretender detallar todas las opciones utilizadas para denominar los calibres norteamericanos sería una tarea, por lo menos tediosa. Los dos sistemas básicos utilizados son el calibre tanto real como aproximado seguido del nombre del fabricante, este es el más usado y simplifica bastante las cosas. Los fabricantes norteamericanos trataron por lo general de evitar nombres milimétricos para sus calibres. De hecho hay muy pocos calibres norteamericanos con denominación milimétrica en el mercado de EE.UU.

En algunas ocasiones se intentó lanzar un calibre con nombre milimétrico y, como no tuvo éxito, tuvo que ser rapidamente cambiado por otro en pulgadas. Dos ejemplos clásicos son, el 6mm Winchester que rapidamente se convirtió en el más conocido .243 Winchester y el otro fue el 7mm Remington Express, hoy denominado .280 Remington.

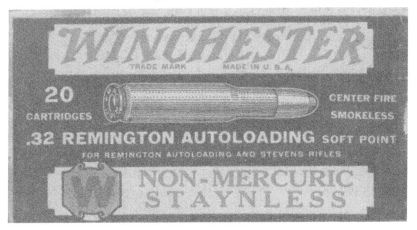

Durante el Siglo XIX se utilizó una denominación que, aunque bastante descriptiva, era complicada. Tal el caso del .44-40 W.C.F., el .30-30 W.C.F. y el .45-70 Govt.. Aquí, el primer número indica el calibre aproximado en centésimas de pulgada y el segundo la carga de pólvora en grains o granos. Este sistema resulta interesante ya que permite tener una idea de las características del cartucho. Así podemos saber que un .45-90 será más potente que un .45-70, ya que tienen respectivamente 90 y 70 grains de pólvora negra. En algunos casos también se incluía el peso de punta, así estaba el .45-70-405 que era el .45-70 Govt. con punta de 405 grains. Esto se siguió utilizando aún en los primeros años de las pólvoras sin humo, lo que lleva a algunas confusiones. Así en el caso de calibres como el .30-30 W.C.F. y el .30-40 Krag, la carga de referencia es de pólvora sin humo, más potente que la pólvora negra utilizada con anterioridad, lo que puede llevar a engaños, como suponer que el .30-30 W.C.F es menos potente que un .32-40.

En otros casos, al calibre se le agrega alguna otra información para distinguirlo de otros similares. Los calibres para pistolas Colt llevan el sufijo A.C.P. que significa Automatic Colt Pistol (Pistola automática Colt) y los calibres de rifle de Winchester W.C.F. por Winchester Center Fire (Winchester de fuego central). También se puede agregar Govt., abreviatura de Government, que hace referencia al calibre adoptado por el gobierno de los EE.UU.

Hay otras denominaciones más arbitrarias como la del conocido .30-06 Spr. donde el 06 corresponde al año (1906) en que fuera adoptado por las Fuerzas Armadas Norteamericanas y "Spr." es por el fusil Modelo Springfield que lo disparaba originalmente.

Otros calibres tienen nombres mucho más difíciles de explicar si uno no conoce su historia. Así el .250-3000 lleva su nombre por ser uno de los primeros calibres norteamericanos en desarrollar 3000 pies/seg. y en el .22-250 este último número hace referencia a la vaina original que fue casualmente la del .250-3000 o Savage.

También, para identificar calibres que son idénticos en todos sus aspectos salvo el largo, se utiliza la aclaración Short (corto) y Long (largo), como ocurre con la munición .22 de fuego anular.

Otro de los términos muy utilizados en la munición de origen norteamericano es el termino Magnum, palabra que tomaron de las nomenclaturas inglesas. En el caso norteamericano el nombre "Magnum" está asociado a dos tipos de munición. Por un lado a las vainas con cinturón o "belt" en su base, derivados en su gran mayoría de los famosos .300 y .375 Holland & Holland Magnum. Por otro lado, en el caso de los Magnum de revólver, se optó por esta denominación cuando la vaina es 1/8 de pulgada más larga que otra similar y, al mismo tiempo se aumentaba la carga y la presión. Por ejemplo, el .357 Smith & Wesson Magnum derivaba del .38 Smith & Wesson Special, misma vaina, pero 1/8 de pulgada más larga y una carga de pólvora mayor. El .44 Remington Magnum, a su vez, derivaba del .44 Special. Una excepción es el .41 Magnum que no derivas directamente de otro calibre .41. Más cercano en el tiempo aparecieron el fugaz Maximum, una versión alargada y más potente del .357 Magnum.

Hay también gran cantidad de nombres de fantasía como en el .22 Hornet, el .220 Swift, etc. que tienen un objetivo comercial o provienen del nombre que les puso el diseñador original y no hacen referencia a nada en particular, solo suenan bien.

En los últimos años, buscando crear nuevos calibres para poder generar nuevos nichos en el mercado y poder vender más, los fabricantes de municiones lanzaron series de calibres. Así Remington desarrolló los Ultra Magnum (R.U.M. o Remington Ultra Magnum) basados en la vieja vaina del .404 Jeffrey con diámetros de puntas del 7mm al .450.

Winchester, por su parte, creó una serie de calibres para ser utilizados en rifles más chicos como los "Short Magnum" y los "Short Short Magnum" para lograr la balística de los calibres Magnum utilizando acciones más corta y rifles más livianos y manuables.

## Sistema Inglés

Por último, los fabricantes ingleses utilizaban un sistema para poner nombres que aunque simple, con el tiempo comenzó a complicarse hasta hacerse casi incomprensible.

En un principio simplemente se indicaba el calibre y el largo de la vaina (todo en pulgadas), como en el .450 3" o el .577 2 ¾". Cuando se empezaron a desarrollar vainas abotelladas se adoptó una forma bastante extraña de identificarlos. Se indica la vaina original seguida del calibre de la punta, como el .577-450 Martini-Henry o el .450-400 Nitro Express. Esto hace la clasificación muy complicada ya que un .450 N.E. es del mismo calibre que un .577-.450 M-H, pero en un listado quedan separados.

Los ingleses fueron los primeros en utilizar el término Magnum para referirse a un calibre de mayor potencia que otro preexistente, aunque también utilizaban N°2. Esta denominación no siempre coincidía con vainas con "belt" o cinturón en su base, que comentamos en los calibres norteamericanos.

Los fabricantes ingleses no fueron inmunes a los nombres de fantasía, usando nombres extraños como Velopex, Accelerated, Paradox, Explora, etc..

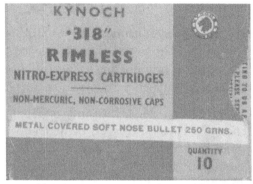

Debido al largo período de transición de la pólvora negra a la pólvora sin humo y a que muchos fabricantes mantuvieron la misma configuración, al pasar a cargas sin humo que desarrollaban mayores presiones, hubo que diferenciar estas cargas. Así tenemos el .500 BPE, es decir .500 Black Powder Express (Express de pólvora negra)

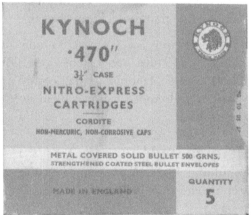

y el .500 NE o .500 Nitro Express (con pólvora sin humo y de mayor potencia). También encontrarán munición NFB, es decir Nitro For Black, con carga de pólvora sin humo pero con la balística de la carga de pólvora negra. Para evitar confusiones entre los distintos tipos de munición, la firma inglesa Kynoch incluso utilizaba distintos colores para la caja de cada tipo. Así, por ejemplo, la munición Nitro Express tenía una caja con cuadrados color amarillo y rojo mientras que la munición de pólvora negra tenía caja color verde y rojo.

# Glosario.

## A

**Accelerator:** Munición que permite disparar proyectiles de menor calibre mediante un sabot o soporte plástico, logrando gran velocidad.

**Alta velocidad:** hace referencia a munición de calibre .22 L.R. de mayor velocidad que la munición normal.

## B

**Belt:** Textualmente cinturón, es el refuerzo de la vaina de algunos calibres de rifle que sirve de tope en la recámara, regulando el espacio de cabeza.

## C

**Calibre:** En este libro se utiliza alternativamente, según el contexto, para referirse al diámetro interno del cañón de un arma o para referirse a un cartucho determinado.

**Carga dúplex:** Carga de pólvora de un cartucho que combina dos pólvoras distintas, juntas.

**Cartucho:** Conjunto de iniciador, propelente y proyectil dentro de una vaina.

**Custom:** Textualmente "cliente", hace referencia a armas o calibre hechos especialmente a pedido y por orden de un cliente según sus instrucciones.

## D

**Drilling:** Rifle típico de Europa Continental que tiene de dos caños de escopeta y uno de rifle, lo que le brinda al cazador la posibilidad de cobrar distintas presas

## E

**Espacio de cabeza:** Distancia entre el sistema de cierre y el apoyo frontal del cartucho. Es un dato crítico para que la munición de adapte a la recámara. Cada calibre tiene un espacio de cabeza establecido.

**Express:** Calibres de alta velocidad desarrollados a partir de la segunda mitad del Siglo XIX. Término usado erróneamente para referirse a los rifles dobles.

## F

**Familias de calibres:** Son aquellos calibres que se desarrollan a partir de un calibre determinado, al que podríamos considerar el padre.

**Flanged:** Nombre que se le da en la bibliografía británica a los calibres con reborde.

**Flat-point:** Textualmente punta chata, hace referencia a los proyectiles con una superficie plana en su frente.

**Fuego anular:** Sistema de encendido donde el mixto fulminante está en un pliegue del reborde del cartucho. Es fijo y por consiguiente la munición no es recargable.

**Fuego central:** Sistema de encendido donde el mixto fulminante está en una capsula que se coloca en el centro de la base del cartucho. Es móvil y por consiguiente la munición no es recargable.

## H

**Hiper velocidad:** hace referencia a munición de calibre .22 L.R. de mayor velocidad que la llamada de alta velocidad.

## L

**Lee-Enfield:** Fusil reglamentario inglés de cerrojo, con sistema de mecanismos diseñado por Lee y caño diseñado en el arsenal de Enfield.

**Lee-Metford:** Fusil reglamentario inglés de cerrojo, con sistema de mecanismos diseñado por Lee y caño diseñado por Metford.

# M

**Magnum:** Denominación usada en calibre que tiene mayor potencia que otros preexistentes. En el caso de calibres de rifle de origen norteamericano, aquellos que tiene "belt".

**Maneater:** textualmente "come hombres" hace referencia a animales que se habitúan a comer carne humana.

# N

**Nitro Express:** Calibres Express de pólvora sin humo.

**Nitro for Black:** Cartucho cargado con una carga liviana de pólvora sin humo para ser usado en armas de pólvora negra.

**Monotiro:** Rifle o fusil de un solo disparo.

# P

**Paso de estrías:** Es la distancia en la que las estrías dan una vuelta completa.

# R

**Reborde:** Parte trasera de la vaina donde la toma el extractor del arma, para definir el espacio de cabeza y/o para extraerla de la recámara.

**Recamarar:** Adaptar un rifle a un determinado calibre, esto puede hacerse transformando la recámara o cambiando el cañón.

**Remington:** Clásico fabricante de armas norteamericano.

**Retroceso:** Reacción hacia atrás del arma al efectuar el disparo.

**Rifles combinado:** rifle que posee dos o más caños de distintos calibres, por lo general, combinando calibres de escopeta con calibres de rifle.

**Rifle doble:** Rifle que posee dos cañones del mismo calibre y dos sistemas de disparo, por lo que constituye, verdaderamente, "dos rifles en uno".

**Rimless:** Vaina sin reborde.

**Round nose:** Punta redonda, proyectil cuya punta es redondeada.

## S

**Spitzer:** Proyectil con punta aguzada que mejora sus cualidades balísticas.

**Subsónica:** Munición de cualquier calibre que desarrolla velocidades por debajo de la del sonido, es decir velocidades menores a 343 m/s o 1.125 pies/seg., lo que permite usarlas en armas con silenciador.

## V

**Varminter:** actividad muy popular en los EE.UU. que consiste en la eliminación de plagas mediante la caza con armas de fuego.

**Vierling:** Arma combinada que posee cuatro cañones de distinto calibre, dos de escopeta, uno de rifle para caza mayor y otro caño estriado de pequeño calibre.

**Wildcat:** Calibre hecho a pedido por un usuario o diseñado por una armero.

## Y

**Yuxtapuesto:** cuando un arma posee dos caños puestos uno al lado del otro.

# Bibliografía.

## Libros.

Akehurst, Richard. (1992) *"Game Guns and Rifles"* Great Britain. The Sportman Press.

Bell Walter D.M. (1960) *"Bell of Africa"* Great Britain. Neville Spearman & The Holland Press

Corbett, Jim (1948) *"Las Fieras Cebadas de Kumaon"* Argentina. Ediciones Peuser.

Datig Fred A.(1956) *"Cartridges for collectors. Volume I"*. EE.UU. Borden Publishing CO.

Datig Fred A.(1958) *"Cartridges for collectors. Volume II"*. EE.UU. Borden Publishing CO.

Datig Fred A.(1967) *"Cartridges for collectors. Volume III"*. EE.UU. Borden Publishing CO.

Dixon, W. B. (1997) *"European Sporting Cartridges"* EE.UU. Armory Publications, Inc.

Keith Elmer, **"Sixguns"** Bonanza Books. EE.UU

McKinney, R. (1996) *The Simple Art of Winning.* Tokyo, Japón. Leo Planning Inc.

Taylor John H. "Pondoro" (2010) *"Rifles y Cartuchos Africanos"* España. Editorial Solitario.

*"Westley Richards Guns & Rifles"* (1988) EE.UU. Reprinted by Armory Publications.

## Boletines y Catálogos.

*A.A.C.A.M.* Boletines varios. Argentina.
*Catálogos Winchester.* varios.
*Catálogos Remington.* varios.
*Catálogo D.W.M.* varios.

*International Ammunition Association Inc.:* boletines varios.

**Internet.**
**International Ammunition Association Inc.:**
http://www.iaaforum.org/forum3/index.php?sid=c654f4c37b9f5
89eb592ae80cb70df8b
**municion.org:** http://www.municion.org/
**Dave Norin:** davenoringunmaker.com

# ACERCA DEL AUTOR

Nacido el 13 de Septiembre de 1961, en la ciudad de Bahía Blanca, Argentina, donde vivió casi toda su vida. Ingeniero Agrónomo, Productor Agropecuario y Profesor de Nivel Terciario, publicó, durante más de 20 años, centenares de notas en revistas de deportes al aire libre como "Magnum" y "El Pato" de Argentina. También publicó algunas notas en las revistas "Muzzleloader Magazine" y "The Double Gun Journal" de EE.UU.

Nacido en una familia de cazadores y tiradores, estuvo en contacto con la naturaleza y las armas desde la infancia. Su pasión lo llevó a tirar con todo tipo de armas y recargar distintos calibres, incluyendo varios calibres obsoletos hoy casi olvidados.

# OTROS LIBROS DEL AUTOR

### Introducción a la Arquería:

Una guía con toda la información necesaria para iniciarse en el tiro con arco: competencias, estilos, arcos, flechas y accesorios. Para el experto, constituye un útil repaso del funcionamiento de los arcos y las flechas, así como algunos aspectos poco conocidos del deporte como el "stump shooting".

También incluye dos apéndices con una guía rápida para seleccionar facilmente las flechas más adecuadas y para la fabricación de algunos accesorios.

### Puesta a punto del arco recurvado:

Detallado análisis de los aspectos básicos del armado y puesta a punto del arco recurvado. Toda la información necesaria para obtener los mejores resultados de esta excelente herramienta deportiva. Dirigido, tanto para quienes se inician en la arquería, como para los arqueros más experimentados. Se analizarán las técnicas y métodos con distintos niveles de complejidad. Con dos últimos capítulos, están dedicados especialmente a la puesta a punto del arco tradicional y arco recurvado en Stringwalking.

Este libro fue impreso en: **PUNTO GRÁFICO**.
http://www.puntograficobb.com.ar/index.php
Donado 598, Bahía Blanca, Buenos Aires, Argentina.
En el mes de Mayo de 2016.